艺术走入地下
——公共艺术与地铁

刘以鸣　杨建明　编著

北京理工大学出版社
BEIJING INSTITUTE OF TECHNOLOGY PRESS

版权专有　侵权必究

图书在版编目（CIP）数据

艺术走入地下：公共艺术与地铁 / 刘以鸣，杨建明编著. —北京：北京理工大学出版社，2019.5
ISBN 978-7-5682-7028-1

Ⅰ. ①艺…　Ⅱ. ①刘…②杨…　Ⅲ. ①地下铁道车站-文化艺术-环境设计-研究　Ⅳ. ①U231.4②J06

中国版本图书馆 CIP 数据核字（2019）第 085656 号

出版发行 / 北京理工大学出版社有限责任公司	
社　　址 / 北京市海淀区中关村南大街 5 号	
邮　　编 / 100081	
电　　话 /（010）68914775（总编室）	
（010）82562903（教材售后服务热线）	
（010）68948351（其他图书服务热线）	
网　　址 / http://www.bitpress.com.cn	
经　　销 / 全国各地新华书店	
印　　刷 / 北京地大彩印有限公司	
开　　本 / 889 毫米×1194 毫米　1/16	责任编辑 / 刘　派
印　　张 / 19.25	文案编辑 / 刘　派
字　　数 / 478 千字	责任校对 / 周瑞红
版　　次 / 2019 年 5 月第 1 版　2019 年 5 月第 1 次印刷	责任印制 / 李志强
定　　价 / 228.00 元	

图书出现印装质量问题，请拨打售后服务热线，本社负责调换

前　言

近年来，随着中国城市化的建设和发展，人口向城市聚集，城市规模不断扩大并由此引起一系列变化，中国社会的经济结构、社会结构和空间结构都产生了巨大变迁。从经济结构变迁看，城市化是农业活动逐步向非农业活动转化和产业结构升级的过程；从社会结构变迁看，城市化是农村人口逐步转变为城镇人口，以及城镇文化与生活方式和价值观念向农村扩散的过程；从空间结构变迁看，城市化是各种生产要素和产业活动向城镇地区聚集以及聚集后的再分散过程。由于人口向城市集中，城市的人口和经济活动密集，大中型城市中心都陆续出现交通拥挤和城市承载力不足的问题。

因此，在人口稠密的城市，交通需求集中、定时、密度大，同时要求快速、高效、安全、方便、舒适等。地铁交通系统以其高效优质的服务、节省资源、轻度污染的特性恰好满足上述技术、经济方面的要求，成为城市交通系统的骨干。相应地，其他交通方式（如常规公交汽车、公交电车、出租车、小汽车、自行车等）则起到补充、配合的辅助作用。地铁系统能够满足大运量、长距离的快速客运要求，因而可解决城市面积拓展与空间合理开发运用的客运通道问题。它是城市可持续发展的基础与保障。在土地占用、能源消耗、空气质量、景观质量、客运质量等主要交通和环境指标方面，地铁交通可达到最优水平。

地下轨道交通是城市的一张名片，是认识城市、理解城市，并获得城市宏观印象到微观印象的理想途径，是一种高效节能、安全便利的现代城市交通模式。作为城市公共空间系统的重要组成部分，其不仅应该具有交通功能属性，更应该具有审美价值属性，是一个传播文化、展示历史、融合艺术的多功能城市空间综合体。

在第二次世界大战以后，希望艺术家与政府、建筑师、工程师之间进行密切合作，创造一个浑然一体的艺术环境的呼声日渐高涨。地下轨道空间中的公共艺术植入，成为世界各国发展轨道交通时的主要选择。随着战后的全面城市化建设，到20世纪70年代，城市公共艺术在世界范围内已逐渐成为一种国家城市文化发展的重要载体，是城市文化传播和建设中不可或缺的媒介。

地下轨道交通在城市公共系统中占有重要位置，对于与民众参与性和互动性较高的公共艺术品的需求呈递升态势。在欧洲、北美等城市化发达区域的地下轨道交通内，艺术化环境处理和公共艺术植入已成为民众以及相关部门的重要考虑因素。地铁的高密度和高运量使之与人民的生活密切相关，因此，相对于城市其他功能区域，很多学者认为，地铁场所内公共艺术的发展状况是衡量城市建设的民主化与社会性发展优劣的参照。

为实现我国地铁空间的公共艺术持续发展与创新，应把思路扩展到与文化、建筑、科技相互融合的方面，放眼国际，学习先进理念，创造协同创新理念的公共艺术，努力调整公共艺术的发展模式，提高和完善地下轨道空间环境质量。本书的研究内容涉及不同国家作品，并且在以大城市和著名场所为背景的前提下，不忽略中小城市的样本采集和分析。

本书收集了世界各国不同时代具有创新性的地铁公共艺术实例，尝试再现不同文化中公共艺术以建筑为载体、文化为导向的特征。通过对世界城市范围内地铁空间公共艺术行为现状进行系统调查，试图发掘和梳理出一条地铁空间公共艺术行为的发展、演变主线，并介绍了以往的实践成果，总结了相关经验教训，以历史、社会、人文、多元的价值观来论述地铁空间公共艺术的现状问题，提供一个具有系统性和观念性的地铁空间公共艺术的文化读本。

编　者

目　录

001	第1章　公共艺术与地铁空间	059	二、第二次世界大战后方向的改变
002	第一节　公共艺术	065	三、新世纪的艺术
002	一、公共艺术的概念	083	第4章　法国巴黎地铁及公共艺术设计
003	二、公共艺术的历史和发展	084	第一节　法国巴黎地铁
021	第二节　地铁交通	087	第二节　巴黎地铁的公共艺术
021	一、地铁交通的优点	087	一、早期的巴黎地铁公共艺术
021	二、地铁交通的历史	092	二、第二次世界大战后的公共艺术
023	三、当代中国地铁现状和未来发展	111	三、2000年后的公共艺术
028	第三节　地铁的公共空间设计	117	第5章　德国地铁及公共艺术设计
029	一、地铁公共艺术如何反映地域文化的积淀	118	第一节　德国的文化和设计
030	二、城市文脉——城市记忆的延续	119	第二节　德国的地铁交通
033	第2章　地铁空间公共艺术设计	122	第三节　德国地铁的公共艺术
036	一、色彩	125	一、慕尼黑地铁公共艺术
038	二、照明	155	二、汉堡市地铁公共艺术
040	三、材质	162	三、杜塞尔多夫地铁公共艺术
042	四、产品设计	183	第6章　瑞典斯德哥尔摩地铁及公共艺术设计
042	五、视觉传达	184	第一节　斯德哥尔摩的城市与文化
044	六、多媒体设计	184	一、关于城市
049	第3章　英国地铁及公共艺术设计	186	二、城市的文化和美学
050	第一节　英国地铁交通设计	190	第二节　斯德哥尔摩的地铁
057	第二节　英国地铁的公共艺术设计	192	一、为什么是岩石隧道？
057	一、艺术的黄金时代	193	二、地下岩层的情况

193	三、岩石加固	261	第7章 意大利那不勒斯地铁的公共艺术
193	四、洞穴	262	第一节 那不勒斯的地铁
195	五、建筑设计与公共艺术	263	第二节 那不勒斯的"艺术车站"项目
196	六、标识	263	一、历史背景
196	七、"浴室"车站	264	二、"艺术车站"和"那不勒斯艺术革命"
198	八、艺术洞穴	266	三、技术概述
198	九、关于商业化	269	四、"100站计划"
199	第三节 斯德哥尔摩地铁的公共艺术	270	第三节 "艺术车站"的站点案例
203	一、斯德哥尔摩地铁的早期艺术设计	270	一、大学地铁站(Università)
204	二、20世纪60年代斯德哥尔摩地铁的公共艺术设计	277	二、托莱多(Toredo)地铁站
206	三、20世纪70年代斯德哥尔摩地铁的公共艺术设计	285	三、但丁(Dante)地铁站
		286	四、市政厅(Municipio)地铁站
		289	五、博物馆(Museo)地铁站
244	四、20世纪80年代斯德哥尔摩地铁的公共艺术设计	291	六、四天地铁站
		292	七、万维泰利(Vanvitelli)地铁站
251	五、20世纪90年代斯德哥尔摩地铁的公共艺术设计	293	八、加里波第(Garibadi)地铁站
		297	**结语**
256	六、21世纪初期斯德哥尔摩地铁的公共艺术设计	299	**参考文献**

第 1 章 | 公共艺术与地铁空间

第一节 公共艺术

一、公共艺术的概念

公共艺术是指以任意媒介创作，放在公共空间，面向公众开放的艺术作品。

公共艺术形式多样，最早可以追溯到古罗马时期广场上的公共雕塑。时至今日雕塑仍是公共艺术的重要形式，例如人行道上的铜像、广场或公园的纪念碑。公共艺术（图1.1）包括公共空间（如建筑物、可以使用的物品与设施、大众交通设施站内、大型建筑附近等）的各种艺术表现。

随着社会经济水平和人民物质生活水平的提高、城市化进程的深入，城市公共空间的艺术情趣和社会功能越来越受到重视，这是近代公共艺术得以蓬勃发展的源动力之一。

另一个原因是，当代艺术的民主化运动使得艺术品（图1.2）从博物馆中走出来，走到公共空间，走向公众生活。

总体来看，公共空间的最大特征是开放性。它对处于此空间当中的所有观众都具有开放性，公众可以与之交流，提出意见和建议。公共艺术体现着普遍的社会审美，这种审美的标准必须建立在公众解读的基础之上。公共艺术是多样介质构成的艺术性景观、设施及其他公开展示的艺术形式，它有别于一般私人领域的、非公开性质的、少数人或个别团体的艺术形态。公共艺术针对的是社会公众生活中人和人赖以生存的大环境，包括自然生态环境和人文社会环境。

公共空间虽是公众共有，但多由政府管控，因此公共艺术创作需要考虑当地法律政策，有时需要

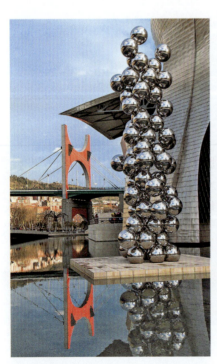

图1.1 古根海姆美术馆《高大的树木与眼睛》 阿尼什·卡普尔 2009

图1.2 中国香港《大黄鸭》弗洛伦泰因·霍夫曼 2013

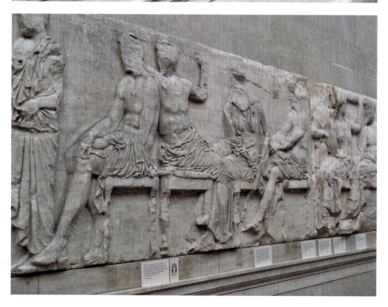

与政府机构沟通合作。将艺术作品引入公共领域的做法成形于20世纪30年代的政府项目。虽然一些由国家资助的机构项目，如美国联邦艺术计划（US Federal Art Project）、前苏联的全苏艺术事务委员会（ВКИЛРИ CHKCCCP）最初目的主要是服务于意识形态，但这也为全球的公共艺术项目奠定了基础。

二、公共艺术的历史和发展

（一）从古希腊、罗马帝国到中世纪——宗教和政治权力象征性

早在古希腊时期（公元前800年—公元前146年），在城市公共空间里便出现了具有宗教象征性的作品。典型的作品是位于希腊雅典卫城的帕特农神庙（图1.3）。这座神庙是供奉雅典娜女神的最大神庙，坐落在卫城中央最高处，在正中央供奉着黄金象牙镶嵌的雅典娜雕像，高达12米。大英博物馆现在保存着帕特农神庙浮雕（图1.4和图1.5）。

之后，罗马帝国继承并发扬了古希腊的艺术文化成果，成为西方艺术中心。例如，建于公元315年的君士坦丁凯旋门及其上的浮雕（图1.6、图1.7）。

图1.3　帕特农神庙（建于公元前447年—公元前432年）
图1.4　大英博物馆的帕特农神庙浮雕（一）
图1.5　大英博物馆的帕特农神庙浮雕（二）

统治者为了彰显权力,在领土范围内成批制造雕像。以个性化为特点的雕像是罗马艺术最独特的地方。

此外,罗马帝国还兴建了很多纪念性建筑,其中最具代表性的就是图拉真纪功柱。公元113年,为纪念皇帝图拉真胜利征服达西亚,由建筑师阿波罗多洛斯(Apollodorus)建造,以柱身精美浮雕而闻名(图1.8)。

图1.6 君士坦丁凯旋门的浮雕 建于公元315年(一)

图1.7 君士坦丁凯旋门的浮雕 建于公元315年(二)

图1.8 古罗马图拉真纪功柱

(二)文艺复兴时期及巴洛克时期——教会和地方管理者的资助

意大利文艺复兴时期是公共艺术发展的一个伟大时期。比起15世纪北部欧洲的艺术创新时期,意大利文艺复兴时期的许多艺术品都是有资助的,这些资助来源于教会或地方管理者。这些艺术作品包括"欧洲绘画之父"意大利画家与建筑师乔托·迪·邦多纳(Giotto di Bondone)的斯科洛文尼教堂壁画、意大利雕塑家多纳太罗(Donatello)的铜雕《大卫》、米开朗琪罗的雕刻作品《大卫》、美第奇墓前的《昼》《夜》《晨》《暮》四座雕像以及著名的雕塑作品《摩西像》《大奴隶》等。

米开朗琪罗最著名的绘画作品是梵蒂冈西斯廷教堂的天顶画《创世纪》(图1.9)和壁画《最后的审判》(图1.10)。拉斐尔的《圣礼的辩论》(图1.11)是文艺复兴时期湿壁画的代表作。

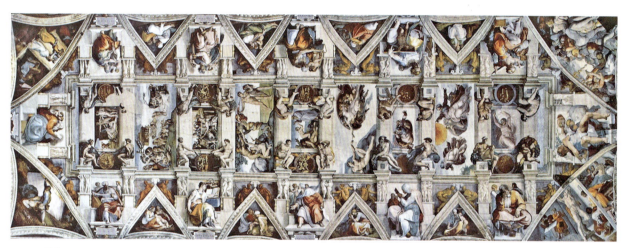

图1.9 梵蒂冈西斯廷教堂天顶画 《创世纪》 局部 米开朗琪罗 1508—1512

图1.10 梵蒂冈西斯廷教堂 壁画 《最后的审判》 米开朗琪罗 1534—1541

图1.11 拉斐尔 《圣礼的辩论》 1510—1511

图 1.12　梵蒂冈　圣彼得大教堂（一）　建于 1506—1626 年

图 1.13　梵蒂冈　圣彼得大教堂（二）　建于 1506—1626 年

始于 17 世纪的巴洛克艺术出现在天主教反对宗教改革最强烈之时的教廷所在地罗马。在建筑上，最有代表性的就是位于梵蒂冈的圣彼得大教堂（图 1.12、图 1.13），它是全世界第一大圆顶教堂。意大利文艺复兴时期的多位建筑师与艺术家如多纳托·伯拉孟特、拉斐尔、米开朗琪罗和小安东尼奥·达·桑加罗等都曾参与圣伯多禄大殿的设计。教堂广场的设计人是吉安·洛伦佐·贝尼尼。教堂内保存有欧洲文艺复兴时期许多艺术家如米开朗琪罗、拉斐尔等的壁画与雕刻。

在雕塑上，此时期具有代表性的是有"巴洛克艺术之父"之称的贝尼尼的《圣特雷莎的沉迷》。在绘画上，代表人物有彼得·保罗·鲁本斯、卡拉瓦乔等大师。

（三）18、19世纪——纪念雕塑盛行，城市建筑勃兴

18和19世纪，由于天主教在艺术资助上的削减，西方公共艺术更多转向纪念国王和特别的政治及英雄人物。例如，位于英国伦敦市中心特拉法尔加广场的纳尔逊纪念柱（图1.14）。

这座高51.59米的纪念柱是为了纪念死于1805年特拉法尔加海战的海军上将霍雷肖·纳尔逊。法国巴黎的凯旋门也是这样的作品，它是拿破仑为纪念他在奥斯特里茨战役中大胜奥俄联军的功绩下令修建的（图1.15）。

此外，还有一部分作品是城市建筑。在美国，这个时期有名的建筑有位于华盛顿的国会大厦、纽约的自由女神塑像（图1.16）和圣帕特里克大教堂。

在欧洲，公共艺术呈现多元化，有新古典主义风格的伦敦国家画廊，新哥特风格的英国议会大厦（即威斯敏斯特宫），哥特风格的法国巴黎歌剧院、现代主义建筑风格的埃菲尔铁塔等。

图1.14　英国伦敦市　纳尔逊纪念柱　威廉·莱尔顿设计　建于1840—1843年

图1.15　巴黎凯旋门　建筑师让·夏格伦设计　建于1830—1836年

图1.16　美国纽约　自由女神塑像　弗里德利·奥古斯特·巴特勒迪设计　于1886年落成

（四）20世纪——艺术样式多元化

20世纪以来，公共艺术在功能上、形式上和媒介上更加广泛，政治的需求拓宽了公共艺术为宣传服务的功能。20世纪初叶，公共艺术最繁荣地点不是欧洲大陆和北美，而是拉丁美洲的墨西哥。

1. 墨西哥

20世纪二三十年代的墨西哥，迭戈·里维拉、大卫·阿尔法罗·西凯罗斯和何塞·克莱门特·奥罗兹科三人发起了墨西哥壁画运动，他们在公共建筑物上画壁画，宣传民主革命，被称为"壁画三杰"。他们三人都具有强烈的爱国热情，也都持有社会主义观点。他们拥有同样的理念：艺术是表达情感的最高尚形式，理应在墨西哥后革命时代成为建构新式国民认同的必要部分。壁画家们从国际的多种艺术形式和自身的民族艺术、文化传统（如玛雅艺术）中汲取营养。这正与墨西哥新政府倡导的"艺术改良社会"理念不谋而合。

里维拉为墨西哥城国家官创作的作品是在殖民政府遗留下来的宫殿中央楼梯的回廊所做的大型历史题材壁画（图1.17～图1.20），创作历时7年。内容自印第安人创造文化和神话开始，经过西班牙殖民时代，一直到墨西哥人民为争取民族独立而进

图1.17　墨西哥城国家官　《墨西哥的历史与未来》　迭戈·里维拉　1929—1935

行的独立革命以及后来的墨西哥现代化过程等墨西哥的全部历史。其中，印第安人的风俗、生活细节、宗教仪式、市场以及殖民主义者来到美洲后对印第安人的掠夺、奴役和残杀都表现得淋漓尽致。

一批墨西哥艺术家开始在公共场所创作巨幅壁画，试图以此教育和激励民众，不断向他们灌输民族主义和爱国主义思想，这场运动因而也被称为"墨西哥壁画运动"。墨西哥壁画艺术家海克特·赫南戴茨说过："更多时候，20世纪上半叶开始的这场壁画运动，我们会称作墨西哥的文艺复兴。"① 普遍认为，这场运动在20世纪60年代进入完结阶段。

---

① 《香港01》周报第139期（2018年11月26日）《破坏美学重构城市景观——墨西哥壁画承载国民记忆》

图1.18　墨西哥城国家宫　《墨西哥的历史与未来》局部（一）迭戈·里维拉　1929—1935

图1.19　墨西哥城国家宫　《墨西哥的历史与未来》局部（二）迭戈·里维拉　1929—1935

图1.20　墨西哥城国家宫　《墨西哥的历史与未来》局部（三）迭戈·里维拉　1929—1935

图 1.21　墨西哥城国立中央图书馆　壁画《人类的进步和奋斗》（一）　奥戈尔曼

墨西哥城国立自治大学中央图书馆（图 1.21、图 1.22）外墙绘有墨西哥最大的壁画，是由著名画家胡安·奥戈尔曼创作的《人类的进步和奋斗》。

国立自治大学中央图书馆是一幢 10 层高的大楼，整幢大楼外侧装饰有五彩缤纷的巨幅壁画，全部用 1 厘米见方的彩色马赛克拼接而成。楼南面是图书馆入口，此处壁画描绘的是西方对墨西哥的影响、西班牙对墨西哥的征服以及太阳中心说；北面壁画表现的是西班牙殖民前的印第安社会、古代墨西哥城的奠基、印第安人传说中主宰生死的神；东面壁画反映的是墨西哥革命和现代社会的生活变迁；西面则是国立自治大学的标志（图 1.23）。2007 年，中央图书馆被联合国教科文组织列入世界文化遗产名录。

图 1.22　墨西哥城国立中央图书馆　壁画《人类的进步和奋斗》（二）　奥戈尔曼

图1.23　墨西哥城国立自治大学行政办公楼　马赛克镶嵌浮雕《人民的大学，大学的人们》　大卫·阿尔法罗·西盖罗斯　1952—1956

绝大多数壁画绘制在首都墨西哥城和墨西哥第二大城市瓜达拉哈拉的公共场所。壁画大多数表达了民族自豪感，并以不同的方式表现了墨西哥土著文化传统（图1.24，图1.25）。事实上，政府之所以选择壁画加以支持，是因为壁画是墨西哥的传统艺术形式之一，具有悠久的历史和广泛的群众基础，玛雅文化中就有壁画浮雕艺术。墨西哥艺术家可以参与"艺术特赦"交换项目，用艺术作品来抵缴纳税。自1957年以来，墨西哥政府便为艺术家提供这样的方案：如果1年之内可以卖出5个作品，就可以向政府上交作品，以代替税款。

2. 欧洲

20世纪，北欧国家也开始大力发展和振兴公共艺术。挪威奥斯陆市政厅建设是由挪威的艺术家们在1900—1950年不断地装饰和润色才得以完工。它向人们全面展示了挪威的历史、文化以及人们的工作和生活。这座砖红色的建筑于1950年为庆祝奥斯陆建城900年而建，周围有大量雕塑，表现了挪威人生活的各个方面。宽阔的大厅内部四个墙面是大型的富于历史意义的壁画，这些壁画及装饰由艺术家亨利克·斯利森斯和阿尔弗·洛弗森完成，前后耗时十几年。市政厅二楼绘有风情画。在市政厅的各个会议厅墙面、天花板上都绘满表现挪威历史、自然和社会等内容的壁画。这些作品出自20世纪上半叶挪威优秀的艺术家爱德华·蒙克之手。壁画风格粗犷有力，令人印象深刻。

图 1.24　西盖罗斯壁画

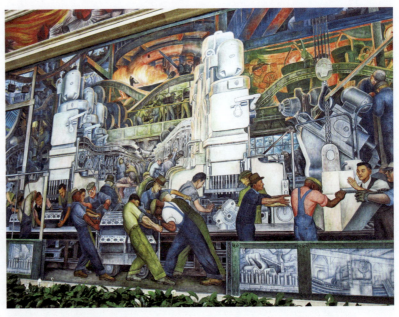
图 1.25　迭戈·里维拉壁画局部

　　1927 年，苏联领导人斯大林为了国家工业发展的需要而发起了社会主义现实主义艺术运动。这一时期的海报、绘画和雕塑等都是为了歌颂发展成就而创作的。1928 年开始，在斯大林领导下的苏联通过了"社会主义工业化建设"的总方针，把苏联从农业化国家变成具有生产现代化机器和设备、重点发展重工业的工业化国家。在艺术为政治服务的需求下，公共艺术的功能扩展到歌颂国家的工业化和现代化发展、弘扬社会主义。

　　第二次世界大战后的苏联大型纪念性公共艺术，因其鲜明的主题和宏伟的体量而独具特色。其中，包括莫斯科胜利广场、彼得堡胜利广场以及斯大林格勒战役英雄纪念碑综合体（图 1.26、图 1.27）等。其主题以反法西斯和伟大卫国战争为主旨，以大体量、大空间的表现主义和浪漫主义写实风格为主要语言，营造出气势恢宏、庄严肃穆的艺术效果。

　　斯大林格勒战役英雄纪念碑综合体是苏联最大的纪念碑综合体，坐落在伏尔加格勒（1925—1961 年名为斯大林格勒）郊区马马耶夫高地上，

1967 年落成。雕塑家 E·B·武切季奇设计，另有 7 位建筑师及雕塑家参与创作。马马耶夫山岗里是斯大林格勒战役的主战场，苏联红军曾在这里与纳粹侵略者进行殊死决战。拾级而上，象征着斯大林格勒战役历时 200 天的 200 个台阶从山底一直通往纪念碑。高地中部，是誓死保卫广场，中间的喷泉池内有一名一手持枪、一手握雷的赤膊英雄雕像。再往上走，左右各有一面浮雕，名为《残垣断壁》，表现了当时战况和许多英雄形象。每当人们走近这些浮雕时，广场上就会播放当年战场的实况录音（图 1.26）。

　　走过英雄群像广场，便是哀悼广场，广场边上有一幢碑石环绕的圆形建筑，是阵亡将士纪念大厅。大厅正中矗立着一只巨手，手中高举着一支长明火炬，旁边有 4 名卫兵守卫着，周围墙壁上的数十面红旗上写有 7 000 多名阵亡官兵的名字，如图 1.27 所示。

　　在山岗的顶部，耸立着一座气势雄伟的《祖国母亲在召唤》塑像，这座女性雕像象征着祖国母亲，她右手高举利剑，左手振臂高呼号召英雄儿女保卫

图1.26 斯大林格勒战役英雄纪念碑综合体（一） 雕塑家 E·B·武切季奇设计 1960—1967

图1.27 斯大林格勒战役英雄纪念碑综合体（二） 雕塑家 E·B·武切季奇设计 1960—1967

祖国。在1967年投入使用时它是世界上最高的雕像，从剑尖到基座顶端的高度为85米。底座长2米，安装在深度16米的混凝土地基上。该雕塑主体高52米，剑长33米。纪念碑重8 000吨。该雕像包含5 500吨混凝土和2 400吨金属结构，剑本身重14吨。这尊塑像被视为伏尔加格勒市和整个俄罗斯的象征，如图1.28所示。

图1.28　斯大林格勒战役英雄纪念碑《祖国母亲在召唤》雕塑家E·B·武切季奇设计　1967年落成

3. 美国

把艺术推介进公共空间的想法也在美国和其他一些国家得到了广泛认同。他们从仿效墨西哥壁画运动和政府赞助的形式开始，把艺术从高雅精英的博物馆体系中解放出来，用朴素的方法和通俗的语言移植到城市建筑的墙壁之上或环境之中。美国推广国家标准的公共艺术，成立了公共设施厅和全美艺术基金会管理机构。《百分比艺术》成为20多个城市规划的法规，规定在公共建筑上，须将工程费的5%用于美术作品。

法国、日本也将城市建筑工程费用的1%～3%用于艺术创作，如《叹息天使》（图1.29）。在德国，1.5%的公共建筑预算被用于指定场所的艺术作品。据《百分比艺术》报道，其他的欧洲国家也开始为公共艺术设立专门的资金支持。

这样的理念也体现在了一些非营利性机构上。成立于1977年的纽约公共艺术基金（Public Art Fund），主要目的就是委托艺术家在纽约的公共场所创作艺术品。

1967年8月15日，在美国芝加哥市民中心大厦前的广场上，一座由毕加索创作的名为《无题》的大型雕塑与大厦同时落成（图1.30）。这座用坦克钢板和钢索做成的雕塑是一个巨大的钢铁造型，两排钢索与曲线形的钢板构成通透感，丰富了作品的空间关系。人们称它为"芝加哥的毕加索"。

在芝加哥联邦政府中心广场上坐落着一个由美国雕塑家亚历山大·考尔德创作的纯红色巨型雕塑《火烈鸟》（图1.31），它形似一架弯下了吊臂的起重机，高达15.9米。整个作品用钢板铆接而成，人们可以在它的身体下穿行。

20世纪出现的比较新的公共艺术形式是大地艺术（Land Art）或称地景艺术。比较有名的有1970年由雕塑家罗伯特·史密森所创作的《螺旋形防波堤》（图1.32）。这是一件大地雕塑艺术品，艺术家通过人为改变自然景观，营造了一个全新的艺术景观。这件作品位于美国犹他州布里格姆以西30英里（约48千米）处，在大盐湖北部。史密森用665吨玄武岩和泥土创造了长450米、宽4.57米的螺旋一直延伸到湖深处。

20世纪还出现了一种城市公共艺术形式——街头壁画或涂鸦，这是一些小众团体为了抗议当权者而画的。20世纪七八十年代，在英国北爱尔兰

图 1.29　日本箱根　雕塑《叹息天使》　弗朗索瓦·扎比埃、克劳德·拉拉努夫妇　1969

图 1.30　美国芝加哥　雕塑《无题》　毕加索　1967

图 1.31　美国芝加哥　雕塑《火烈鸟》　亚历山大·考尔德

图 1.32　美国犹他州　《螺旋形防波堤》　罗伯特·史密森　1970

的贝尔法斯特，美国纽约、洛杉矶等地都出现了类似的公共艺术。

涂鸦的英文是 graffiti，有"刮"的意思。对于涂鸦的定义一般界定为：公共或私有设施上的喷、涂等行为，可以是画也可以是文字。涂鸦一般被认为是非法的，这个非法性是针对涂鸦作品所创作的地方，而不是对创作的内容而言。代表人物有美国涂鸦艺术家让·米歇尔·巴斯奎特，其作品如图 1.33 所示。

图 1.33　美国纽约　巴斯奎特故居《涂鸦》　1983—1988

巴斯奎特常把各种符号、文字放到画面中，他的作品都署有"SAMO"的名字，这个名字在 20 世纪 70 年代末纽约曼哈顿随处可见。

《越战纪念墙》是传统领域公共艺术的代表（图1.34～图1.37）。1980年7月1日，美国国会批准在华盛顿林肯纪念堂的东北，国家大草坪附近的宪法花园为纪念碑碑址。同时，国会宣布对其进行设计比赛。

1981年5月6日，建筑师评审员和雕塑家从1 421个匿名设计方案中，一致选择了林璎的设计作品。林璎是生于俄亥俄州雅典市的一名21岁的耶鲁大学建筑系学生，是中国建筑师林徽因的侄女。她的设计中并没有太多战争纪念碑的传统元素，譬如爱国文字和英雄雕像、旗杆和装饰性雕塑，因而引起争议。林璎的亚裔身份也是一个敏感问题，在1982年的纪念碑揭幕仪式上甚至都没提到她的名字。

现在它已经成了华盛顿特区游览者最喜欢的去处之一，也是美国人寄托悲痛和哀思的地方。

图1.34　美国华盛顿　林璎　《越战纪念墙》（一）　1982年建成

图1.35　美国华盛顿　林璎　《越战纪念墙》（二）　1982年建成

图1.36　美国华盛顿　林璎　《越战纪念墙》（三）　1982年建成

图1.37　美国华盛顿　林璎　《越战纪念墙》（四）　1982年建成

（五）21 世纪以来——观念结合新媒体

进入 21 世纪，很多活跃的当代知名艺术家也都创作过非常有名的公共艺术作品。艺术家安东尼·葛雷姆在英国纽卡斯尔北部创作了巨型雕塑《北方天使》（图 1.38），高 20 米，两翼 54 米宽，重 20 吨。这件雕塑所在的小镇原本以煤矿业为主，后来逐渐衰落。艺术家在当地用煤炭铸铁创作这件作品，给当地居民带来了工作机会，间接改善了人口外流、失业率提高等社会问题。

位于美国芝加哥千禧公园的公共艺术作品《云门》（图 1.39～图 1.41）在美国乃至国际都享有广泛盛誉。《云门》是一件由英国艺术家阿尼什·卡普尔[①]设计的公共艺术雕塑作品，建造于 2004 年 6 月—2006 年 5 月。

这一作品在工艺和技术上实现了多项的不可能，包括结构、承重、焊接等多个环节。其长 20 米，宽 13 米，高 10 米，拱底最高处距地面约 4 米，重 100 吨。《云门》虽由 168 块不锈钢板焊接而成，每处焊接都要经过 5 个阶段才可以制成跟镜子一样的外表。其表面非常光滑，游客可以在其上看到被反射和扭曲的城市轮廓，但完全观察不到接缝。此外，雕塑的底部为会歪曲和重叠影像的凹形空间，称为"omphalos"（中央）。雕塑有 3/4 的外表反射着天空，它的名字象征着雕塑把天空和游客连接在一起。

《时代》杂志称该雕塑为游客合影留念的必去之地。作为一个艺术品，这更是一件大师级作品。

---

① 阿尼什·卡普尔（Anish Kapoor，1954—），当代雕塑艺术家，一位获得极大国际声誉的艺术家。出生于印度孟买。20 世纪 70 年代初开始在伦敦工作和生活。他的作品被视为印度和西方精神的结合。

图 1.38　英国纽卡斯尔　雕塑《北方天使》　安东尼·葛雷姆　1998 年建成

《时代》杂志还把该塑像形容为"游客磁铁"和"非凡的艺术品"[①],而《今日美国》则认为其堪称"抽象派的不朽作品"。芝加哥艺术评论员爱德华·利弗森认为《云门》是世界上最好的公众艺术品之一。美国焊接工程协会则向承制该雕塑的MTH实业公司和性能结构公司颁发了"非凡焊接大奖"。

图1.39　美国芝加哥　雕塑《云门》(一)　阿尼什·卡普尔　2006年建成

图1.40　美国芝加哥　雕塑《云门》局部　阿尼什·卡普尔　2006年建成

图1.41　美国芝加哥　雕塑《云门》(二)　阿尼什·卡普尔　2006年建成

---

① 斯蒂芬·金泽(1951.8—,Stephen Kinzer),《芝加哥来信:获奖项目、市长和持之以恒的批评》《纽约时报》(纽约时报公司),2004-07-13。

进入 21 世纪之后，除了传统的艺术材料和媒介外，声光电综合媒介和交互模式也在新的时代大放异彩。

2007 年 10 月 9 日夜晚，在冰岛首都雷克雅未克以北的维迪岛上，由披头士乐队成员约翰·列侬的遗孀、著名艺术家小野洋子为纪念列侬而建的《梦想和平光塔》正式落成并点亮（图 1.42～图 1.44）。这一天是列侬的 67 岁生日。当 15 个射程高度达 200 米的光束在空中复合并形成光塔时，现场响起了列侬 1971 年创作的著名歌曲《想象》。《梦想和平光塔》是一束从一个圆形基座射向天空的光柱，呈现"塔"之状。基座上用 24 国语言写着"梦想和平"这句话，同时周围埋有征集自全球的大约 50 万个装有"和平愿望"的胶囊。

每年 10 月 9 日（列侬诞辰纪念日），《梦想和平光塔》都会点亮灯光，直至约翰·列侬的忌日 12 月 8 日，可见在此地一束巨大光柱直冲天空，十分壮观。据称，在世界最北端的首都点亮"和平之光"，蕴涵着照亮全世界的意义。小野洋子在记者会上说："希望在想起这束光时，全世界人们的心灵能够合为一体。"

从公共艺术的长期发展中可以看到，艺术创新在随着时代发展而变化，形式越来越丰富，材料越来越多样，而且在文化精神的承载上更具表现力和创造力。

图 1.42　冰岛《梦想和平光塔》（一）　小野洋子　2007 年建成

图 1.44　冰岛《梦想和平光塔》（三）　小野洋子　2007 年建成

图 1.43　冰岛《梦想和平光塔》（二）　小野洋子　2007 年建成

第二节 地铁交通

地铁是指在城市中修建的快速、大运量用电力牵引的轨道交通。地铁线路通常铺设在地下隧道内,也有的在城市中心以外地区,从地下转到地面或高架桥上。其涵盖了各种地下与地上的路权专有、高密度、高运量的城市轨道交通系统,也包括高架铁路或路面上铺设的铁路。

1950—2030 年,全球人口数将从 25 亿增至约 80 亿,而现在全球则有 60 多亿人。50 年前仅有三成左右的都市人口,现在则拥有六成的都市人口。在城市化进程中,城市人口密度加大,居民居住空间狭小和交通拥堵现象日益显现。

因此,通过建构公共交通网络来疏导城市地区人口,已成为全球各大城市的共识。城市化现象已是全球不可抑制的人口移动趋势,城市地区的人口快速移动变成必需,兴建高效率且高容量的地铁系统已变成 21 世纪全球各大城市民众的重大诉求。

一、地铁交通的优点

节省土地:一般大都市的市区地价高昂,将铁路建于地下,可以节省地上空间,令地上空间作其他用途。

减少噪声:经过精确设计的地铁系统,无论在地下还是地上,其车外噪声均低于一般公路。

减少干扰:由于地铁的行驶路线不与其他运输系统(如地面道路)重叠、交义,路权专有(不专有的城市轨道交通系统称为轻轨或者有轨电车),因此行车受到的交通干扰较少,可节省大量通勤时间。

节约能源:在全球变暖背景下,地铁是最佳大众交通运输工具。地铁行车速度稳定,可以大量节省通勤时间,从而节省了许多开车所消耗的能源。

二、地铁交通的历史

地铁的修建最早是为了解决城市交通拥堵问题。1854 年,伦敦市区的交通拥堵状况已经让市民到了无法忍受的地步,一位英国律师查尔斯·皮尔森(图 1.45)提出了一个颇具创意的倡议:在伦敦市区地下兴建铁路,以便有效率地运送旅客,特别是准时地在交通尖峰时刻,快速运送大量都市劳工到工厂上班。当时的西部铁路公司改名为大都会铁路,任命约翰·福勒为工程师,进行这条全长 3.75 英里(6 千米)的建设工程。

地铁建设工程预计耗资 100 万英镑。但由于克里米亚战争,资金出现短缺。西部铁路和北部铁路公司虽都同意投入大约 17.5 万英镑,但仍然没有足够的资金启动工程。律师皮尔森积极地筹措资金,帮助投资地下铁路兴建。在他的努力下,大都会地铁与伦敦金融城公司达成协议,金融城购买了 20 万英镑的股份,使得地铁工程得以开展。

1863 年 1 月 10 日星期六举世瞩目的第一条以城市地区交通服务为目的的地下铁路向公众开放并正式通车(图 1.46)。遗憾的是查尔斯·皮尔森没能看到这次盛典,他于 1862 年 9 月去世了。当时开通的线路长达 6 千米,其中有 7 个站点:帕丁顿、埃奇韦尔路、贝克街、波特兰路车站、高尔街、国王十字勋章站和法灵顿街。

当时电力尚未普及,所以地下铁路也只能用蒸汽机车(图 1.47)。由于机车释放出的废气对人体有害,因此当时的隧道每隔一段距离便要有和地面打通的通风槽。这条铁路获得了成功,在开幕当天搭载了 38 000 名乘客,使用北方铁路公司的列车来补充服务。在第一年,运输 950 万乘客;到第二年,乘客增加到了 1 200 万人,列车为每 10 分钟一班。到了 1880 年，扩展后的铁路每年可以运载 4 000 万乘客。①

1870 年，伦敦修建了第一条客运的钻挖式地铁——位于伦敦塔附近、穿越泰晤士河的伦敦塔地铁。但这条铁路并不算成功，在营运数月后便因新通车的伦敦塔桥取代了大部分的客运量而废线。

现存最早的钻挖式地铁在 1890 年开通，亦位于伦敦，连接市中心与南部地区。最初铁路的建造者计划使用类似缆车的推动方法，但最后用了电力机车，使其成为世界第一条电气化地铁，现在仍是伦敦地铁北线的一部分。早期在伦敦市内开通的地铁亦于 1905 年全部实现电气化。

① 陈炳圣.《万物简史》. 源桦出版社. 2007. ISBN 986828421X.

图 1.45　查尔斯·皮尔森（1793—1862）

图 1.46　伦敦地铁采用填挖式施工方式

图 1.47　伦敦地铁初期使用的蒸汽机车

1896年，当时奥匈帝国的城市布达佩斯开通了欧洲大陆的第一条地铁，全长5千米，共有11站，至今仍在使用。

皮尔森可能没有预料到，他那前无古人的地铁创意，不仅改变了往后百年来全球各大都市的交通模式，甚至进一步改变了都市发展模式。至今，每年全球约有220亿人次搭乘地铁，其中巴黎每天约有410万人次搭乘地铁，因此，地铁可谓都市公共空间中人流最频繁的区域。

伦敦地铁为世界地铁开创者，已有超过150年的历史。赶在19世纪结束前，1868年的纽约、1882年的芝加哥、1896年的布达佩斯、1897年的波士顿、1898年的维也纳都陆续兴建了地铁。巴黎第一条地铁于1900年因应第五届世界博览会及第二届夏季奥林匹克运动会诞生，首条地铁连接西边的马里欧门站与东边的文生门站，由巴黎铁道公司负责承揽兴建。巴黎是世界上第7个拥有地铁系统的城市。

东京是全亚洲最早有地铁的城市。1915年在东京站只供邮递货物专用的地铁开业。但由于此路线并非运载乘客，故一般不被当作首条路线。东京最早营运的是银座线，是由日本"地铁之父"早川德次创办的东京地下铁道公司修建，1925年9月27日开工，1927年12月通车。最初通车的上野—浅草段线路共长2.2千米（图1.48），目前已经被认定为日本近代产业遗产。

三、当代中国地铁现状和未来发展

近年来，伴随着中国经济的高速发展，城市建设进入高速发展期。过去40年是中国现代史上城市交通发展最快的时期，也是人类历史上交通发展最快的时期。第二次世界大战后美国进行了以公路、水运和航空为主的公众交通基础建设，成为世界运力最强、规模最大、现代化程度最高的"交通强国"。中国用了不足40年的时间发动和开展了一次交通革命，规模更大，速度更快，更为壮观。

国内的地铁交通设施建设起步相对较晚，中国第一条地铁是北京地铁1号线。20世纪50年代，毛泽东洞察了地铁的重要性，定位于"战备为主，兼顾交通"，从战备和民用角度倡导北京要搞城市

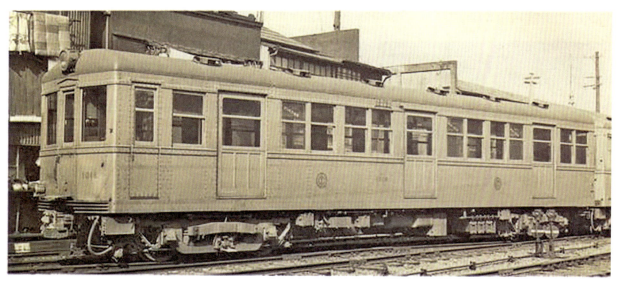

图1.48　上野—浅草段开业时使用1000型机车

地铁,并且指出"不仅北京要搞,很多大城市也要搞。"① 1953年9月28日,北京市委响应这个号召,开始筹备北京修筑地铁工作。1954年10月,北京市委向党中央呈送一份报告,请求"聘请苏联专家,着手勘探研究"。1953—1960年,数千名中国学生被送往苏联学习地铁建设。1957年,苏联地铁专家帮助制定的方案是两横、两纵、两对角线和一个环线。1961年,北京地铁筹建工作因三年困难时期而停止。1965年,中共中央书记处和国务院决定修建北京地铁。2月4日,毛泽东亲自审阅了北京地铁建设方案,并在批示中确定了"精心设计、精心施工"的八字方针。② 7月1日,北京地铁一期工程开工(图1.49),包括朱德、邓小平在内的很多国家领导人,以及北京市市长彭真参加了开工典礼。③ 1969年,北京地铁1号线宣告建成,1971年开始试运营。

天津是中国大陆第二座拥有地铁的城市,天津地铁于1976年开通。

改革开放之后,随着经济和轨道技术的迅猛发展,中国的城市地铁有了长足的进步。1981年9月11日,北京地铁一期工程经国家批准正式验收,在试运营10年之后,北京地铁正式对外开放。它包括从西山的高井站到北京站19个车站,全长27.6千米。工程共投资4.06亿元。地铁由北京市地铁运营公司管理。1984年9月20日,北京地铁二期工程开通运营。北京地铁2号线车站自复兴门至建国门,全长16.1千米,12个车站。二期工程和一期

图1.49 北京地铁1号线施工

---

① 陈冠任. 治国录 毛泽东与1949年后的中国[M]. 北京:中共党史出版社,2014.
② 当代北京编辑部编,于永昌. 当代北京长安街史话[M]. 北京:当代中国出版社,2015.
③ 城事图说(第20期)北京地铁半个世纪的发展史. 城市中国网[引用日期2017-08-03]

工程的一部分可以组合成一条环线。

上海于1993年开通第一条地铁线路，现为世界上总运营长度最长的地铁。之后广州、深圳、南京、沈阳、哈尔滨等国内各大城市的地铁系统相继建成。

目前，中国是全世界地铁系统总长度第一的国家，其总长达4 354.3千米。中国地铁站台数目也以2 836个位居全世界第一（表1.1）。全世界地铁系统总长度排行前20名的城市中，中国大陆地区占有8个席位。其中，上海和北京分别以669.5千米和617千米排名全世界的第一位和第二位（表1.2）。凭着单日最高1 380.78万人次（不含燕房线，2018年8月17日）、全年38.41亿人次（2016全年）和单日最高1 250万人次（2018年9月21日），全年36.98亿人次，北京和上海也成为全世界最繁忙、运量最大的地铁城市中的第一位和第二位。

表1.1　截至2018年各国家或地区地铁系统总长度

排名	国家/地区	轨道交通系统总长度/千米	站台数目/个	轨道交通系统在该地启用年度/年
1	中国大陆	4 534.3	2 836	1 969
2	澳大利亚	2 425	525	1 854
3	韩国	1 279.64	822	1 933
4	美国	1 228.3	972	1 870
5	日本	784.5	721	1 919
6	西班牙	533.1	661	1 919
7	英国	496.1	477	1 863
8	俄罗斯	446.8	281	1 935
9	德国	446.4	484	1 902
10	法国	345.9	477	1 900

表1.2　截至2018年全球城市地铁长度

排名	国家/地区	地铁系统	长度/千米
1	中国大陆	上海	669.5
2	中国大陆	北京	617
3	中国大陆	广州	473.8
4	英国	伦敦	402
5	美国	纽约	380.2
6	中国大陆	南京	378
7	俄罗斯	莫斯科	364.9
8	日本	东京	326
9	韩国	首尔	314
10	西班牙	马德里	294
11	中国大陆	武汉	288
12	中国大陆	深圳	285
13	中国大陆	重庆	264.3
14	印度	德里	251.74
15	中国香港	香港	230.9
16	墨西哥	墨西哥城	226.5
17	法国	巴黎	219.9
18	新加坡	新加坡市	198.6
19	中国大陆	成都	196.5
20	美国	华盛顿	188

截至2019年9月，中国大陆已开通地铁的城市有36个，分别是（以首条地铁开通时间排序）：北京、天津、上海、广州、长春、大连、武汉、深圳、南京、成都、沈阳、佛山、重庆、西安、苏州、昆明、杭州、哈尔滨、郑州、长沙、宁波、无锡、青岛、南昌、福州、东莞、南宁、合肥、石家庄、贵阳、厦门、乌鲁木齐、淮安、珠海、兰州、常州。

截至目前，发改委52号文要求，申报建设地铁的城市一般公共财政预算收入应在300亿元以上，地区生产总值指标要求从原有的1 000亿元变成了3 000亿元以上，市区常住人口要求在300万人以上。这一系列迹象说明，城市轨道交通建设正在向具有一定经济规模和人口基数的地级城市发展。

全国轨道交通建设规划获得国家发改委批复的有，直辖市：北京、上海、天津、重庆；省会城市：广州、武汉、南京、成都、长沙、杭州、合肥、济南、石家庄、南昌、长春、郑州；计划单列市：深圳、大连、青岛、厦门、宁波；普通地级市：苏州、芜湖、东莞、徐州、常州、无锡、绍兴、佛山。这些城市将进一步兴建地下铁路交通。

中国及世界最长里程的地铁系统：上海地铁。截至2018年3月31日，上海地铁运营线路共16条，共设车站393个，运营里程669.5千米。截至2018年3月，上海地铁在建线路共有6条。

根据2015年9月国家发改委批复的《北京市城市轨道交通第二期建设规划（2015—2021年）》，北京将再建设12条地铁线路。到2021年，北京将建成27条线路、998.5千米的轨道交通网络（图1.50），届时北京市公共交通占机动化出行量比例将达到60%，轨道交通占公共交通出行量比例将达到62%。

上海地铁规划将达到33条线，最终将达到1 700千米规模，并与贯通全市各要点的高速城际铁路统一票务、有效换乘。上海到2020年地铁发展规划如图1.51所示。

根据广州市城市轨道交通建设规划，广州地铁将有23条线路，运营里程共1 025千米。广州到2020年地铁发展规划如图1.52所示。

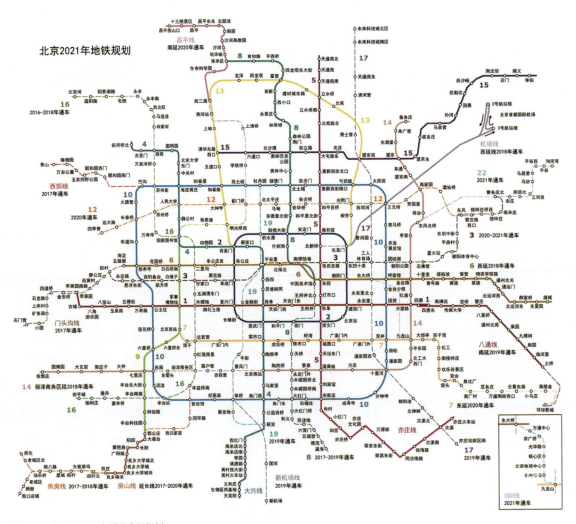

图1.50　北京到2021年地铁发展规划

第 1 章　公共艺术与地铁空间　　027

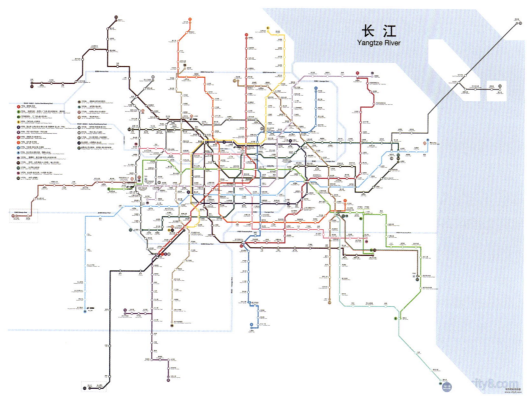

图 1.51　上海到 2020 年地铁发展规划

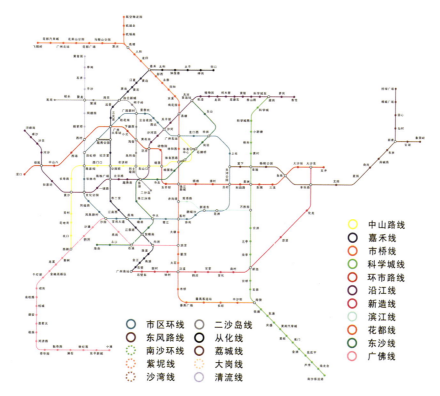

图 1.52　广州到 2020 年地铁发展规划

第三节 地铁的公共空间设计

地铁公共艺术设计要考虑结合现代交通、技术、安保甚至文化艺术等要素，力争让乘客在快速到达目的地的同时，享受一次安全舒适的短暂旅行；审美需求与使用功能相结合，集中体现地域文化；在继承中创新，以现代科技展示传统文化，以历史风貌融和时代精神。

近40年来，在改革开放和市场经济渐进形成的历史背景下，中国大力推进城市现代化建设，城市规模成倍扩大，城市基础设施不断完善，综合服务功能不断增强，城市形象与城市品位得到提升，中国翻开了城市建设新的历史篇章。多年来城市建设中很多的公共设施得以完善。作为发挥城市综合功能、促进经济发展的依托，城市基础设施建设力度不断加大。

在全球化和快速城镇化的双重作用下，中国地铁艺术设计的诸多问题渐渐得以显现：同质化设计形态泛滥，忽略了地方差异性，采用单一的手法追求视觉呈现的做法，造成了地铁艺术的地方风貌和文化特色消失。

地铁景观同质化是指景观元素运用、形式表达甚至涉及手法均相互模仿，以至于趋同的现象。现在各地城市均出现了大量的以模仿抄袭为手段的地铁景观设计项目，无视地域文化和自然条件的差异性，导致地铁环境设计在互相模仿中同质化发展。

地铁公共艺术的介入对本地域文化的认同感是人们心灵的本能，作为文化的载体，是人们日常生活中的物质空间环境，应该结合地域文化的特色，设计出人们所需要的作品，不仅为人们带来环境的美化，更要维护地域生态的平衡，满足人们在精神和心灵方面的需求。

由于文化要素优势在不同时代、不同城市呈现出不同的特点，因此所形成的城市景观也会有所差异，即这种设计具有强烈的时代性、地域性和差异性。突破城市发展同质化的发展现状，发挥景观设计在城市文化发展中的作用，是城市彰显魅力、增强自身文化软实力的必要性条件。城市化进程中的城市文化发展是一个逐步探索的过程，是在传统与创新之间寻求平衡，是在产业发展与城市发展之间寻求动力，是在比较中寻求定位。

作为城市形象代言的中国地铁设计正越来越显示出趋同化的特征。地铁公共空间作为一种集视觉美感、实用性、新颖性和独特性于一体的艺术造型形式，其设计需要准确地将城市的文化理念、特质转化为独一无二的视觉形象，因此独特性是地铁空间艺术设计的核心要义之一。北京、武汉、深圳地铁文化墙如图1.53～图1.55所示。

图1.53　北京昌平地铁站浮雕壁画

图 1.54　武汉国际机场地铁站壁画

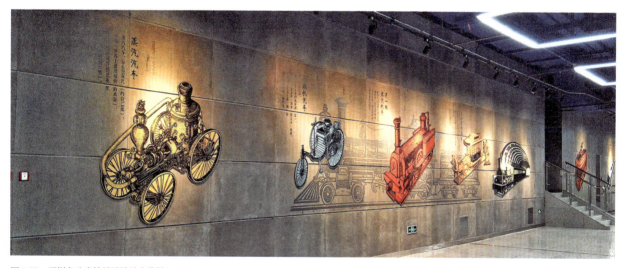

图 1.55　深圳车公庙地铁站地铁文化墙

一、地铁公共艺术如何反映地域文化的积淀

地铁已成为城市文化的延伸。地铁空间中的公共艺术设计不仅能够提升城市面貌，而且作为单位时间单频流量高的公共空间，在潜移默化地建构城市新兴美学。地铁公共艺术建立在城市自然增长的基础上，在当下的城市化进程中注入文化的灵魂，可以恢复城市的历史记忆，建立城市的人文与场域精神，营造宜居、艺术的生存环境。在地下区域找到文化与创新的最佳契合点，是城市可持续发展的核心问题。

地铁公共艺术与地域文脉有着极紧密的关系。一件好的地铁公共艺术作品，必须具有三个重要因素：鲜明的地域性、构思的独特性、艺术的唯一性。鲜明的地域性是指作品具有的丰厚文化内涵与底蕴，深刻地体现一个民族、一个国家或一个地区、一个城市、一个街区的过去、现在与未来，作品是该地域精神力量的象征与展示。

地铁公共艺术作品的生命力在于把握地域文脉的同时，必须在构思上要有独特性，在艺术上要有创新性。例如，南京地铁鼓楼站的壁画（图 1.56）。

图1.56 南京地铁鼓楼站壁画

二、城市文脉——城市记忆的延续

文脉（Context）一词最早源于语言学范畴。它是一个在特定的空间发展起来的历史范畴，其上延下伸包含着极其广泛的内容。从狭义上解释即"一种文化的脉络"，美国人类学艾尔弗内德·克罗伯和克莱德·克拉柯亨指出："文化是包括各种外显或内隐的行为模式，它借符号之使用而被学到或传授，并构成人类群体的出色成就；文化的基本核心，包括由历史衍生及选择而成的传统观念，尤其是价值观念；文化体系虽可被认为是人类活动的产物，但也可被视为限制人类做进一步活动的因素。"克拉柯亨把"文脉"界定为"历史上所创造的生存的式样系统"。

推广到公共艺术领域，文脉就是人与艺术的关系、社会与艺术的关系、整个城市与其文化背景之间的关系。艺术是人类精神形成的，从认识史的角度考察，艺术是社会文化的荟萃、人类思想创意与科学技术的结晶。

对于人类文化的研究，莫不以艺术的出现作为文明时代的具体标志而与文字、（金属）工具并列。对于城市公共艺术的探究，无疑需要以文化的脉络为背景。由于自然条件、经济技术、社会文化习俗的不同，环境中总会有一些特有的符号和排列方式，形成这个城市所特有的地域文化和艺术式样，也就形成了其独有的公共艺术形象。

随着时代的前进、科学技术的进步和文化交流的频繁，城市的形象可能走向趋同，文脉又让我们不时从民族、地域中寻找文化的亮点。如果我们对城市历史艺术仅仅处于维持状态，那么它将像一个僵化的躯壳，它的光辉只会逐渐地减损、消失，这种保护也只是维持一种自然的衰败。实际上，我们可以采用一种积极变换角度的思维过程——在历史环境中注入新的生命，赋予建筑以新的内涵，使新老文明协调共生、历史的记忆得以延续。

对文脉问题的认识，可以追溯到前工业时代甚至古希腊时期。文脉思想被正式提出，还是20世纪60年代以后的事，是随着城市轨道公共艺术的出现而出现的。

城市轨道公共艺术注意到现代主义建筑和规定规划过分强调对象本身，而不注意对象彼此之间的关联和脉络，缺乏对城市文脉的理解。建筑上表现为：千篇一律的现代主义建筑，偏重技术性和功能性的应用研究，欠缺对历史性和地方性的揭示和表现。失去了文化精神特征的建筑，使得环境变得冷漠和乏味，致使工业城市呈现出单一、枯燥的面貌。为此，城市轨道公共艺术试图恢复城市的原有秩序和精神，重建失去的城市结构和文化，从理论到实践积极探索公共艺术，设计新的语言模式和新的发展方向。

他们主张：从传统化、地方化、民间化的内容和形式（即文脉）中找到自己的立足点，并从中激发创作灵感，将文化的片段、传统的语汇运用于公共艺术创作中；但又不是简单的复古，而是带有明显的"当代意识"，经过撷取、改造、移植等创作手段来实现新的创作过程，使公共艺术的传统和文化与当代社会有机结合，并为当代人所接受。

从公共艺术语言的角度把当代艺术的本质认知引入对城市艺术记忆延续的思考中，借鉴后现代主义思潮背后出时代性和地域性所确定的处理问题的思维方式和具体方法，结合我们身边已有的成功案例，使它有效地参与到当代城市公共艺术建设的重构中。

地铁既是具有国际性、统一性的功能载体，也是具有地域性与独特性的文化载体。地铁空间内，承担反映地域性、独特性文化特征的大部分工作都是由公共艺术来完成的。

继承与创新之间的关系问题多年来一直是设计关注的焦点。其实，从语言学的观点看，这一矛盾就是语言的稳定性和变易性之间的矛盾。设计者在形式设计上的得失成败取决于所掌握"词汇"的丰富程度和运用"语法"的熟练程度。设计者要想使自己的作品能够被他人真正理解，就必须选择恰当的"词"并遵循一定的"语法"。

但这并不意味着设计者只能墨守成规，毫无个人建树。设计者巧妙地运用个别新的符号，或者有意识地改变符号间的一些常规组合关系，创造出新颖动人的作品，这也就是设计上的创新。

城市要发展，就会有新的公共艺术产生。然而在"词汇"和"语法"趋于统一的态势中，文脉可以让我们不时地从传统化、地方化、民间化的内容和形式中找到自己的艺术亮点。一个民族由于自然条件、经济技术、社会文化习俗的不同，环境中总会有一些特有的符号和排列方式。就像口语中的方言一样，设计者巧妙地注入这种"乡音"可以加强环境的历史连续感和乡土气息，增强环境语言的感染力。

上海的金茂大厦就是从传统中提取满足现代生活的空间结构。金茂大厦塔楼平面双轴对称，提炼"塔"的形意，外形柔和的阶梯韵律，勾勒出刚劲有力的轮廓线。其应用高技术手段来表现的中国古塔的韵律是那么惟妙惟肖，避开了从形式、空间层面上的具象承传，而从更深层的文化美学上去寻找交融点，用技术与手法来表现地域文化的精髓。从建筑布局和细部处理等多个方面都可以看到传统建筑形态语言的运用与变异，在现代物质技术条件下拥有了新的活力。在此我们可以将其看作对传统文脉的发展。

新艺术的产生一定要付出旧艺术消亡的代价吗？其实，"立新"不必"破旧"，关键在于如何将简约而又复杂的语义，以传统而又时尚的语构，运用于现代艺术设计中，从而创造出个性化、人文化的全新公共艺术符号。

在人们对习以为常的事物难以引起足够注意和兴趣的情况下，将一些常见事物变形、分裂，或者把代码编制顺序加以改变，就可以起到引人注目、发人深省、加强环境语言的信息传递的作用。符号像文字语言一样，既根于往昔的经验，又与飞速发展着的社会相联系，新的功能、新的材料、新的技术召唤着新的思想。怎样使环境既具有历史的连续性，又适应新时代的要求？

在城市化的历史进程中，公共艺术的创新文化是体现城市文化竞争力的一种富有活力的载体。根据城市的实际特色，找准城市的文化定位，并由此建立一个合理的艺术创新定位。创新特色是城市文化竞争力的核心要素，因此城市文化的特色发展之路，是在丰富的艺术资源和文化底蕴基础上，以创新特色文化来构筑和塑造城市形象和艺术风貌的。在城市化进程中，发挥创新特色对城市文化资源的调配和整合作用，充分挖掘城市特色，打破同质化发展困境，将特色植入到城市公共环境的建设和发展之中，不仅能够增强城市文化的魅力，进一步彰显创新文化，而且能够深化城市公共艺术的发展空间，从整体上提升城市公共空间的文化特质。

公共艺术作品创作的主题，应该充分依托该城市的历史文脉。公共艺术作品的主题应该依据它所在的环境和场地来确定，以选取最具特色和最具代表性的内容来表达这一主题，而且所选取的素材必须是公众熟知的。

创新文化在公共艺术作品中不能仅仅体现在其表现形式和风格内容上，还应该对文化元素所体现的精神内涵进行表达和传承，并且和当代的文化精神相融合，展示出现代人的精神追求。公共艺术的创新文化中的内容和形式转化让公众对历史文化产生一种十分直观的感受，并产生对城市文化的认同感和归属感，而城市创新文化中所蕴含的文化精神的传承与表达则是对于"公共性"的诠释——面向公众、服务于公众的以人为本的社会精神。

公共艺术作为一种与公众接触十分紧密的艺术形式，必须和社会的发展同步，与时代并行或者引领时代的潮流，而公共艺术的"创新性"也会随时代的变化而不断发生变化。因此，对于公共精神的表达，艺术家要以时代创新的眼光去看待社会人文思潮、文化观念的变化。

地铁空间公共艺术作品的精神表达不仅要发掘历史文化的精神内涵，也要结合当代以人为本的思想，充分挖掘历史文脉和人文精神，强化公众对于城市历史的情感，并将历史文脉和人文精神，通过公共艺术的表达方式，向公众传递情感和文化，让人们直观地感受到城市文化中不能言喻和难以用文字描绘的内涵。通过地铁空间公共艺术来表达恰当的精神思想，能使城市文化具有多样性，让城市文化更加丰富而且更加容易深入人心。

当代地铁空间公共艺术不是单纯地复兴和照搬古典文化，而是适当地吸收古典主义的要素，通过现代的方法组合传统的要素。当代地铁空间公共艺术强调传统要素，注重个性，关注人的感情、价值取向，注重地方色彩、民族风格，弘扬多元文化，这些都与当代公共艺术审美价值观是一致的。在一定程度上对现代主义硬工业风格的枯燥、单调、乏味的功能主义的原则进行了修正，许多设计作品曾使人有眼前一亮，给人耳目一新的感觉。

城市地铁空间作为一个流动的空间始终处于动态变化的状态中。在这一流变中，公共艺术发挥创新机制的作用，平衡着地域特色与创新文化之间的关系。如北京城市历史文化悠久，遗迹众多，地铁线路经过的仅世界文化遗产就有6项，各级文物保护单位、历史文化街区更是不计其数。保护不应仅仅是一种静态、静止的保护，在现代语境中赋予其新的生命并使其获得新的发展才应是保护的最好方式。希尔斯指出："传统发生变迁是因为它们所属的环境起了变化。传统为了生存下来，就必须适应它们在其中运作。"① 因此，在我国城市地铁环境设计向工业化的发展转变过程中，可以发挥公共艺术对城市文化发展的推动作用，以现代创新理念实现传统文化向当代艺术形式的转化。公共艺术可以借助现代科技优势、创意优势将地域文化和历史文脉作为内容支撑，结合现代艺术手段，打破以往仅是对空间实体性的存在进行单纯的壁画、雕塑的传统模式，在科技协同之下走创新、发展之路。

---

① [美]E·希尔斯：《论传统》，傅铿、吕乐译，上海人民出版社1991年版，第345页。

第2章 地铁空间公共艺术设计

随着科技水平的提高，地铁的运行速度和安全保障等技术问题已经解决，因此现代人对地铁的要求已不止于安全和快捷，而是希望走入地下空间和乘坐地铁时身心都感到舒适，于是地铁空间就不仅仅是换乘节点，还要有满足乘客心理需求的文化功能。地铁公共艺术的出现和发展，正适应了这一需求。

作为地铁公共艺术的特有安置地，地铁空间的下列特征值得注意：流动变化，快速位移是人在地铁中的主要行为方式；封闭隔绝，乘客完全封闭在水泥建筑和金属车厢之内；简化单一，地铁内环境呆板机械；地铁的空间有独特性，地铁处于地下，空间相对封闭，只有通道和地面相连接。进入地铁，视觉感受上是压抑的、受限的，听觉感受上是嘈杂的，触觉感受上是人与人之间的碰撞，其中，视觉感受是主导。考虑到这些特点，地铁公共艺术可以减少受众处于地铁空间中的不适感。

人在地铁空间中的生理感受包括视觉感受、听觉感受和触觉感受。人们对于所处的环境，能够即时感知到各种变化的信息，而75%～87%的外界信息是通过视觉获得的，并且90%的人体活动是由视觉主导的，它所感知的是环境的大部分或全部。视觉环境是创造人工环境的一个重要环节，视觉环境中人眼主要感受的是空间的界面、立体物、平面图形及光线和色彩等元素。根据格式塔心理学的观点，在视觉整体作用下，观者的感受可以超出这些元素个体效应的影响，产生某种整体效果。

视觉感受来自人眼接收的信息。如地铁站空间里充斥着的各色商业广告——某产品的新功能、某楼盘盛大开幕；还有衣着不一的流动着的各色人群；也有一些公益广告和名人名言；地铁中的设施和迎面呼啸而来的列车。所有人眼所及经过人的处理形成人的视觉感受。听觉感受有地铁站的语音服务提示系统、警示系统、人流的嘈杂声、地铁列车运行而过的呼啸声，以及与轨道摩擦的声音。它们对人的感觉的影响是多方面的。触觉感受包括地铁里的公共设施、座椅、墙面、地面等。金属、木质或是塑料材质带给人的触觉感受是不同的。地铁站中的触觉感受还来自人与人之间的接触。由于地铁站环境的特殊性，人与人之间有时会发生碰撞、推挤，这些都构成了人在地铁站空间的触觉感受。

人在地铁空间中的生理感受直接影响着人的心理感受。良好的生理感受，通常会给人们带来良好的心理感受。相反，如果我们的眼前总是泛滥的色彩，耳朵充斥着噪声，所到之处都是冰冷的坐具，以及人们之间非善意接触，就会感受恶化。地铁站空间的特殊性所带来的不安全感、压抑感、无助感以及空间难以辨认的陌生感等许多负面的心理主导着人在地铁空间中的感受。引起这些负面感受的原因是多方面的。公共艺术正是在艺术设计学范围内，通过艺术元素的合理运用改善人在地铁空间中的感受，如图2.1所示。

地铁公共艺术可以通过创意、材质、色彩、灯光、形式感等方面优化人的视觉感受，如图2.2所示。公共艺术必须创意在先。根据整体的风格思路进行创意，首先要考虑主体的造型、大小、高度位置及其和周围空间的关系，以及材质、色彩、灯光、形式感等方面的设计因素。另外，其他道具设计制作与运作方式也必须在创意中有明确的体现。

在题材的选择上，有吸引力的创意使用可以调整和丰富地铁空间的风格。利用创意主题使地铁环境更加具有吸引力，这是地铁公共艺术作品最常使用的方法。

第 2 章　地铁空间公共艺术设计　　035

图 2.1　智利圣地亚哥的智利大学地铁站内马里奥·托拉尔的史诗壁画

图 2.2　加拿大蒙特利尔沙乐沃伊地铁站的玻璃画（一）

一、色彩

根据法国色彩学家朗科洛关于色彩地理学的分析，地域和色彩具有一定联系，不同的地理环境有着不同的色彩表现。设计师只有深入了解当地的民俗文化、体验当地的生活，才能领会场所的精神，提炼出场所的"色彩"，并将这种色彩应用到公共艺术中。从大的范围来讲，这种色彩可以是一种民族的色彩、区域的色彩。

地铁交通公共艺术面向广大的人群，观者的视觉感知是景观中重要的一元，色彩不仅是视觉上的冲击，更是一种心灵的触动。许多公园，特别是由废弃场地改造而成的公园，通过饱和度高、醒目的色彩来提示游人"安全""不安全""可游""不可游"等相关信息，这里色彩起到了行为导向的作用。很多公共艺术也应用色彩来表达场所精神、文化理念，使艺术与科学完美地结合在一起，如图2.3所示。在一些特殊场所（如医院、孤儿院、老人院等）的公共艺术中，设计师运用色彩心理学原理，有效地搭配色彩，产生了良好的心理治疗效果。

随着公共艺术中高技术的使用和新材料的开发，如背投屏幕、镀锌模板、金属织物、有机玻璃等，以及对植物的不断培育，可供设计师选择的色相日渐增多。随着"新表现主义""涂鸦艺术""庞克艺术""图案与装饰艺术"等的不断兴起，景观设计中的色彩必将更加迷人。

地铁公共艺术的合理使用除了使人们受到艺术熏陶之外，还可以改善人们在地铁中的感受，提高乘车质量，形成和谐的氛围，如图2.4所示。

在上述原则的指导下，具体公共艺术工作的重点应该从细节入手，因为细节设计直接决定车站景观的成败；应该从总体上对各项细节统一筹划，分期分项予以设计。

色彩对于个体的感受会因人而异，但包括色彩温度、色彩亮度、色彩情感在内的普适色彩特性是人们共同具有的。处于嘈杂的环境中，地铁公共艺术的色彩运用不应过于复杂，统一色调会给人带来简约舒畅的感觉。在材质的选择上，地铁空间的公共艺术作品应该使用层次感强、具有凹凸感的材质。这样的材质可以适当吸收地铁的噪声，且给人一种自然亲近的感觉，减少地铁整体环境中平面给人带来的坚硬感受。在题材上，选择一些亲近人的内容，如自然环境中植物、人物，将有效引起人们的想象和共鸣。当然，适当的文化内容的加入也可以提升这种共鸣，使人在欣赏艺术作品的同时感受到更多的文化内容而忘记所处的环境，如图2.5所示。

图2.3　加拿大蒙特利尔沙乐沃伊地铁站的玻璃壁画（二）

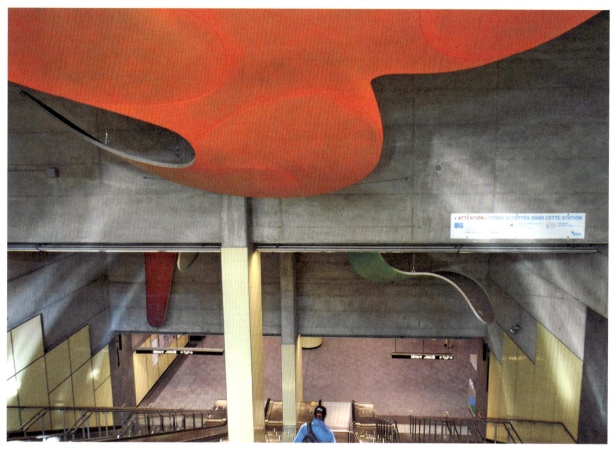

图 2.4 加拿大蒙特利尔地铁站的彩色吊顶

图 2.5 加拿大蒙特利尔巴里地铁站 Pierre Gaboriau 和 Pierre Osterrath 的玻璃彩绘作品

色彩是现代公共艺术设计中需要关注的要素之一，在艺术视觉效果中起着越来越重要的作用，影响人们的心理，也改变着人们的生活。探究色彩对人类影响的同时，有必要将研究的结果应用于实践，而这却是景观环境设计中常常忽视的地方。

地铁空间色彩不仅可以改善地铁阴暗、拥挤、狭小等客观空间问题，也可以帮助乘客建立所处空间的方位识别——人们往往因为地下空间缺乏参照物而丧失了方向感，如图 2.6 所示。

由于地铁特定的公共空间，公共艺术绝大多数分布在地下。地铁空间内通常不具备自然光线，以人工照明为主，人工照明光线具备灵活的可控性，从而丰富了公共艺术材料的表现形式。其中透光、半透光的材料经过光的折射后会产生特殊的效果，可以给乘客带来丰富的视觉感受。

图 2.6　加拿大蒙特利尔由鲜艳色彩搭配设计的地铁站出入口

二、照明

在地铁中采用不同色调、明亮的光线,可以给人舒适、宽敞的感觉,消除乘客心中的烦躁。

照明是地铁建筑空间公共艺术设计的重点,是保障空间的实用功能和提高公共艺术品质的重要元素。光的选择设计包含丰富的内涵,它就像一门语言,表达着对停留者的关怀,为使用者带去一份舒适与温馨,光照环境要做到与空间环境和谐统一。

就照明方式而言,光分为自然光照和人工光照两种。

(1)自然采光:将天然光线引入地铁内部环境,这受到建筑的物理环境、地形、采光效果等多种因素影响。城市地铁空间应该因地制宜地利用人行道、地面广场等场所,尽可能多地采用自然光线,尤其应该放大光线在调节使用者心理方面的重要作用,它能给人以身处地面的感觉。在条件不允许时,哪怕只引入自然界的一束光线,就不会给人与地面隔绝的感觉,如图 2.7 所示。

(2)人工采光:由于地铁空间处于地下,其采用自然光的范围受到限制,不能满足照明的功能需

图 2.7　加拿大蒙特利尔地铁站的站厅灯光装置

求，因此必须借助人工采光，实现视觉效能的需要，并且起到增加车站识别性的作用。通过采光照明提升空间的亮度，还可以给人以空间扩大的感觉。

由于地铁是地下交通设施，因此主要照明来自人工光源。如果光源使用不当，就会造成大量光污染。光污染除对人视力危害甚大外，还能干扰大脑中枢神经的功能。所以，把地铁灯光照明环境设计得环保、宜人非常必要。我们在保证地铁整体空间可视度的同时，应尽量减少和防止光污染。地铁空间虽然是一个公共空间，但是地铁空间的灯光照明应充分考虑个人的需求，并根据人们在地铁空间中可能产生的不同心理需求，设计出相应的照明效果。在环境心理学中，柔和的灯光也能舒缓人的紧张情绪。因此，灯光照明设计不仅能够满足人们在地下活动中对光的需求，还能达到缓和焦躁、改变心态、渲染气氛的目的。灯光照明设计要让人在无意识中调节情绪，抓住人们微妙的心理变化，创造一个宜人的地铁站光环境，充分体现出地铁设计的艺术性（图 2.8）。

图 2.8　瑞典斯德哥尔摩地铁自动扶梯通道的灯光设计

三、材质

艺术作品应用的材料与其所处的公共空间密不可分。地铁站之所以很特殊是因为它属于室内的公共空间，公共艺术作品大多创作于墙面、天花吊顶、地面、柱面以及车的内室等。因此受公共空间和人流来往频繁的限制，地铁站中公共艺术的表现形式以壁画、装饰、雕塑、艺术墙、新媒体艺术为主，综合材料的使用也必须与之相互适应。由综合材料独有的审美特性引发的视觉效果是其重要价值的体现；同时，综合材料的魅力也会在地铁站这个特殊的公共空间内大放光彩，如图2.9所示。

坚固耐用和易维护的材料是地铁公共艺术能够长期完整地存在于公众视野内的基础。由于地铁站公共空间的使用频率高、空气不流通，对此目前在材料的选择上国内已有较完善的相关技术规范。同时，应考虑到材料的清洁问题。一般表面光滑、造型流畅的材料比较利于清洗。陶瓷、石材、不锈钢、铜、塑料等是目前运用较广的地铁公共艺术材料，如图2.10所示。

公共艺术作品的材质具有多样性特点。早期主要以不易损坏、管理方便的材料为主，如石材、马赛克、LED灯、珐琅板、金属、不锈钢管、玻璃纤

图2.9 加拿大蒙特利尔地铁站厅内部的立面铺装

图2.10 湖北武汉地铁7号线的石材浮雕壁画

维、瓷砖、陶条等，如图2.11所示。结合简单的作品设计有利于减少室内空间的封闭性、扩大乘客的视线。随着科技的进步，新型的艺术表现形态随之出现。网络技术、数码影像技术等成为创作手段，银幕、玻璃砖、调光器、树脂、亚克力等也随之成为创作材料。

虽然在选材上应尽量选择坚固耐用和易维护的材料，但是任何材料都有一定的使用年限，需要定期保养与更换。每个公共空间的位置不同，公共艺术保养的难度也不同。因此，应尽量做到实地考察环境后再选用方便替换的材料。特别是隧道部分，选材时应格外谨慎，因为震动大、冷热变化明显等原因会导致墙面材料脱落。

不同的材料有不同的质感表现和构造细部，可以渲染及强化环境气氛以影响人的心理。在地铁空间中应对表层选材和处理加以重视，强调素材的肌理。现在地铁站空间内的材质基本都是硬质的，大理石的地面、墙面以及钢制座椅、电梯，使人感到冷酷，缺少人情味。设计者应注重人们对一些材质肌理效果的心理效应，不断扩大人的积极感受。地铁空间是一个十分嘈杂的地方，多采用一些软质材料，不仅可以有效地减少噪声，而且给人一种亲和感。例如，利用带有古朴色彩的材料及浓郁地方色彩的装饰细部，可以唤起人们对环境的熟悉感，触景生情，在空间的体验过程中寻找到认同感。

图2.11　湖北武汉地铁6号线唐家墩站的石材浮雕壁画

四、产品设计

地铁建筑空间公共艺术的设计应该在满足地下建筑空间功能性的前提下开展。通过理性设计，更合理地安排人流在城市地下空间的穿梭，同时保障行人从地下通道顺利到达地面，并且在满足这些需要的基础上，实现使用者休闲娱乐和商业活动的需要。其中的产品设计、空间的塑造设计（例如照明、装修等）或视觉设计毫无疑问是与公共艺术相互影响的，甚至相互构成的。产品设计应该从属于整个地铁的设计风格，与公共艺术作品进行呼应，来帮助塑造城市轨道内部空间的艺术文化气息。站在讨论地铁交通公共艺术的课题角度，产品应该是比较背景化的。地铁交通空间内部的产品具有明显的功能属性，设计具有典型功能导向的特质，包括检票闸机、售票亭、电梯、扶梯、楼梯、信息显示装置、安全设备等；同时，设计既是地铁交通空间的一部分，也必然是空间视觉环境的有机组成部分，如图 2.12 所示。

产品设计对于塑造基本地铁交通空间气氛会有影响，也可以有助于城市形象的体现。产品设施的设计可以在满足功能的前提下融入空间整体设计和规划，与其他艺术表现手段共同构成地铁交通公共艺术的一部分，具体表现为产品设计在满足使用要求的前提下，其造型元素对城市文化的致敬，如图 2.13 所示。

图 2.12　德国慕尼黑城市轨道 U6 线 KlinikumGroßhadern 站的站台和壁画设计

图 2.13　加拿大蒙特利尔地铁站厅

五、视觉传达

地铁公共艺术作为以功能与实用为主、艺术性相辅的艺术形式，在传递文化、美感的同时，更要发挥其在现实生活上的实质的作用，二者相得益彰、相辅相成。这样的设计才能够被人们接受和喜爱。当然，地铁的运营标志、时间标识、信号指示、人流导向、地图等属于地铁的元素都可以进行艺术的表现，要与整个地铁站相互配合，构造一整套文化艺术的表达方式。在发挥其基础作用的同时，利用其艺术设计满足人们对于文化的需求，通过科学的、合理的设计，能够既有功能的基础作用，又兼顾艺术表达的作用。

整合平面和工业设计的设计思想和原则，从人本的角度去整理和规划信息，使人们在一个公共空间中自如地通过符号系统认知空间各部分功能，并在具有科学性设计的符号系统引导下最方便、最舒适地完成在公共空间中的行为。

导视系统的符号系统设计应看作公共空间艺术的一部分，其风格既从属于整体又具有独特的视觉美感。因此，图形符号的设计是具有一定难度的，要既符合大众对符号系统的语言经验储备，又具有特殊的审美性。

视觉流程的形成是由人类自然生理特征决定的。在通常情况下，由于生理上的原因，人们在了解视觉语言时，总会追寻某种规律。人们在阅读某种信息时，视觉总有一种自然的流动习惯，如视觉浏览的先后次序。视觉流程往往会体现出比较明显的方向感，使整个画面的运动趋势有一个主旋律。在这里，我们需要了解的是：视觉流程本身是由某种元素所引导的。比如，线本身具有方向性，可给视觉信息传达以一定的方向性。所以，平面的视觉影响力在常规的视觉上的"最佳视域"就会被视觉传达符号所引导，情况就发生变化，如图 2.14 所示。

视觉传达设计以信息传达为目的，但它脱离不了媒体。媒体与视觉传达设计之间的关系是互动的，媒体既体现了设计，又给设计带来了局限性；设计既受制于媒体，又是新媒体产生的动力之一。针对信息交流的广泛性，以往的报纸、广播和电视等在视觉传达上已经显示出单一的局限性。所以，在多媒体的设计中，在遵循形式美规律的同时，还要抓住使用者的五官感受，使公共艺术成为更适合人类信息采集的新媒体。

图 2.14　加拿大蒙特利尔地铁通道壁画装置

视觉传达的交互性设计，提供了一种文化创新的凝聚力，许多不同的使用者通过多媒体的形式凝聚起来，更具表现性、更加个性化、更加交互性和更加有责任感。多媒体设计中视觉传达中的交互性将有助于满足大众对更个性化信息日益增长的需求，如将优美的界面设计成为用户所期待的形式，满足用户的参与性，或者实现某种愿望、需求、目标和能力，如图 2.15 所示。

六、多媒体设计

多媒体设计也叫多媒体艺术设计，就是利用多媒体，以计算机为中心的多种媒体作为工具来设计作品，这些媒体包括文本、图形、动画、静态视频、动态视频和声音等，并且人们在接收这些媒体信息时具有一定的主动性、交互性。

多媒体设计的最大特点就是交互性。交互性其实就是用户在某种程度上的参与；从另一种角度而言，多媒体就是通过硬件、软件、设计师和用户参与这四项来共同实现的高技术性艺术作品。新媒体艺术指的是利用声、光、电、色等多种媒介对人的视觉、听觉、触觉等感官体验造成多重刺激的一种艺术形式，它是一种高科技的表现手法，博众多艺术之所长，集图像、设计、语言、文字、雕塑、声音等元素为一体，在传播方式上公众交互性更强，参与度更高，"动态性"的表现特征贯穿全程。比较常见的新媒体艺术表现形式有互动影像、人工智能、虚拟现实和交互艺术等，如图 2.16 所示。

与传统艺术手法相比，新媒体艺术的创作媒介更加丰富，它以科技为主导力量，是创作媒体跨界整合而成的；从公众的感官角度来说，传统艺术仅仅对人的视觉产生影响，新媒体艺术则是对多种感官同时刺激；而从心理学来说，人对声、光、动态

图 2.15　意大利那不勒斯地铁托莱多站的标识牌

等物体有着先天性的敏锐感。因此，综合而言，新媒体的艺术表现形式能够给公众带来全新的体验。

人们乘坐地铁往往有着很强的目的性，匆忙之下很容易忽视周围的环境。传统艺术是静态的、孤立于环境的、不可交互的，因此即使乘客出入地铁空间的频率很高，也无法很好地了解公共艺术品。而新媒体艺术的引入则极大扩展了地铁空间的临场感、公众性与互动性，将流行文化与时代热点融入新媒体公共艺术的创作中，以声、光、电、触屏等多种表现形式，与大众之间形成一种开放的、自由的多感官互动。这样新的公共艺术能够很好地调动起乘客的兴趣，使艺术品的大众转化率大大升高，如图 2.17 所示。

为交通而设计的多媒体，展示时间的长短将直接影响效果。时间过长，旅客将没有耐性，还会使兴奋度下降；时间过短，又无法让人记住。因此，播放时间长短要经过测算。最佳的时间选择将是这

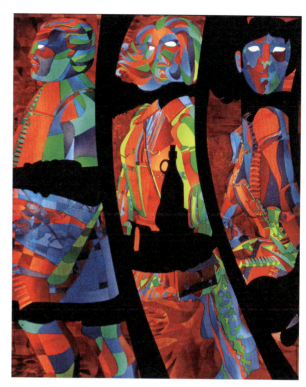

图 2.16　加拿大蒙特利尔巴里地铁站 Paboriau 和 Pierre Osterrath 的玻璃彩绘作品局部

图 2.17　加拿大蒙特利尔地铁站的玻璃彩绘壁画

样一个过程：观众已接收了目前的信息，在将要出现不耐烦之前的数秒钟，结束本页的播放，屏幕出现下一条信息。这样可继续维持学习的惯性。除测算一般人的接收时间外，还需考虑对象的层次与结构，如图2.18所示。

在设计的过程中，要一直强调"以人为本"的设计目的。由于多媒体设计的使用者和设计者都是人，因此在多媒体设计中，视觉传达设计既要满足人们生理和心理的需要，又要满足物质与精神的需要。今天人们面对快速发展的科技与经济，在心理上和精神上都有压力，所以在他们面对荧屏的时候，要用新颖的交流方式与之"沟通"。比如，在多媒体界面上的视觉传达方面，就需要建立一种人机互动的模式，高品质的界面会使人们愉悦地行走其间，有助

于促进这两个世界间差异的消失，同时改变了这两个世界间的联系类型。也许计算机永远都实现不了真正意义上的交互，但新颖的视觉设计将会使人与媒体之间的交流更加契合、完整，易于操作，动态性和趣味性更强。"人性化"视觉传达设计的本质特征正好综合了视觉传达的引导性和交互性。

多媒体存在交互的特点，使用者一旦在进行人机对话，屏幕会出现文字（包括分数）、动画、颜色、声音与音乐，所获得的报答即期望值将会直接影响使用者本人的兴奋度、求知欲、征服欲与使用的持久性，并在一定程度上决定对该设计的持续兴趣。恰当地设计相应的期望值，将有效地调动参与者本人的积极性，获取更好的传播效果。

公共艺术再也不是单一的从艺术家到受众的传

图2.18　加拿大蒙特利尔Acadiedu地铁站台灯光设计

播方向，创作期间作者与公众是互动交流的，作品完成后作品和观众之间也有着很强的互动，而这样不断的互动，使受众变成了作者，观众变成了读者和传播者。数字媒体技术和交互技术的发展与运用，使大众参与体验地铁装置的形式发生了质的变化。可互动新媒体形式能够通过形象、语言和行为来识别，使作者、作品与大众之间形成互动，实现创作与体验的双向交流，突破以往的单向模式，让城市地铁空间表现出更强的渗透力和感染力。

公共艺术在地铁空间里承载着提升空间的作用，使功能为主的地铁空间更加富有生活气息。同时，地铁交通巨大的客流量和地铁空间强力的传播性使公共艺术承担着传承城市文化的社会意义。地铁作为世界上客流量最大的交通方式之一，其公共艺术自20世纪之初起风风雨雨走过100多年，步入了可互动新媒体公共艺术的阶段。新媒体公共艺术以声音、图像、文字、影像的复合展现方式，强烈的视觉冲击和交互的娱乐性吸引了大众的关注和参与。可随身携带的便携式移动端媒介形式相比于传统的固定信息单向传递也有着很大的优势。新媒体艺术进驻地铁空间，在视觉、听觉、互动等多方面拓展研究，会使新媒体公共艺术在地铁空间中有一个很好的发展，如图2.19所示。

综上所述，色彩、材料、灯光是维系空间与艺术的媒介，也是空间与艺术的完美结合。在地铁公共艺术创作中，不仅要考虑到地铁站是个特殊的公共空间的特殊属性，而且艺术家还要从审美的角度出发分析该城市的文化背景，进行合理的选材及

图2.19　加拿大蒙特利尔地铁站厅彩色玻璃设计

创作。依据创意选择材料的色彩、肌理、质感、灯光，使公共艺术作品完美展现的同时，既能适应地铁空间的特殊环境，又能契合当地的文化内涵。随着时代的发展及社会经济的不断提高，人们对生活的要求不仅停留于实用性，而且对待美的要求也在不断提高。艺术家对地铁公共艺术的创作由最初单一的壁画和浮雕形式逐渐变得多元化。公共艺术的创作脱离不了媒介。色彩、材料、灯光是空间和艺术得以物化的载体，不仅能够满足地铁本身功能上的要求，而且能够满足人们审美上的要求。公共艺术作品的选择及运用上不仅要适应其特殊的公共空间环境，还要很好地契合所在场所的文化内涵。在合理运用的同时也要充分发掘新材料、新工艺的表达方式，进一步升华地铁公共艺术的社会意义，使其成为城市文脉的延续者、时代精神的传递者。

第 3 章 英国地铁及公共艺术设计

地铁在欧美已有150多年的历史，这是世界上最有效、最普遍的城市交通工具之一。由于大部分地铁位于地下，因此提供一个友善、清新和具有审美的环境十分重要。只有很好的建筑设计才能完成这个任务，而其中的艺术品则是为其提供思想的深度、额外的魅力和个性。地铁站的设计在欧洲有一个很好的传统，但是后来却被减少装饰和更经济的思想取代。然而，从20世纪90年代开始，在欧洲和日本等地，随着"车站文艺复兴"——铁路和地铁更新时代，地铁站又被重新进行了建筑景观和艺术的审美化设计。

公共艺术在提升地铁形象上发挥了很大作用。轨道公司慢慢了解到通过设计和艺术的引入提升车站文化性的重要性。轨道交通运营公司的标识成为重要的设计元素。一些公司通过改变标识甚至是名字来表现更好的品牌形象，公众的满意度会随着更好的车站设计而提高。在欧洲，一些交通部门引入了"百分比"艺术政策，在所有建设预算中按照固定的比例（0.5%～1%）分配出来，应用于艺术品。在公共交通中，艺术与设计首次在国际公共交通联合会的代表大会中作为议题被讨论。在这次大会中，纽卡斯尔都市交通的权威机构提到，公共交通空间和公共交通环境的质量可以从它与公共艺术的关系当中很好地反映出来。在纽卡斯尔，将公共艺术引进地铁的议案是由艺术界提出的。此后城市开始了"百分比"艺术政策，政府分割出1%的年度财政收入用于艺术项目。这个项目已经开始了几十年，早期大部分是安装于交通车站的永久性陈列的艺术作品，后期更多的是安装灯光装置或者组织现场艺术活动。在欧洲，公共艺术资金通常是由政府提供的。

地铁内的艺术作品一般有两种陈列方式。一种方式是像画廊一样展示在车站，作品专门为车站设计并与其内部装饰风格协调一致。这种方式的艺术展示方式在很多地方和国家比较常见，包括巴黎、伦敦、东京、横滨等，常见的有墙面附着的壁画、雕塑、海报等。另一种方式是与艺术家或手工艺者一起进行总体的设计和合作。这样的设计范例是斯德哥尔摩地铁。在这种情况下，车站本身就被认为是一件艺术品，它渐渐成为一个独创的和难忘的地方。艺术化的车站为丰富城市做出了贡献，并创造出了城市的另类景观——地下景观。

第一节　英国地铁交通设计

全球首条地铁线是在英国兴建的，地铁被视为工程技术上的巨大成就。伦敦的第一条地铁线是在1863年开始运营的大都会线，从帕丁顿到法灵顿，全长6千米。当时，已经发展了四条由大都会到郊区的线路，都是使用"填埋"隧道技术建造的。从1890年开始，线路在环形隧道中被建造得越来越深。最深的线路是城市线（1890年）和南伦敦线（1890年）。

地铁刚开始建设时，就加入了审美的考虑。弗兰克·皮克（图3.1）在1917年曾说过："Where there is life, there is art"——"哪里有生活，哪里就有艺术"。他并不是艺术家，而是当时伦敦地铁的运营总监。

有着一颗"艺术"之心的皮克希望能够在地铁空间的每处摆放艺术家和设计师的作品。他的目的是把地铁打造成为伦敦最重要的艺术项目举办地之一，并将此举传承下去。著名的艺术史学家尼古拉斯·佩夫斯纳将皮克描述为"20世纪迄今为止在英国制作艺术的最伟大的赞助人,而且确实是我们这个时代的理想赞助人。"

弗兰克·皮克见证了公认的交通设计的黄金时代,他对20世纪伦敦的外观影响比任何其他人都重要。他委托制作伦敦地铁的一些最知名的标识,如独特的红色、蓝色和白色圆形管标识,原始约翰斯顿字体和查尔斯·霍尔登设计的许多地下车站的装饰艺术建筑。弗兰克·皮克还委托制作各种风格的醒目广告海报,如图3.2和图3.3所示,经常与当时的著名艺术家合作,如超现实主义的曼·雷。

图3.2　伦敦地铁海报

图3.1　弗兰克·皮克,1878—1941

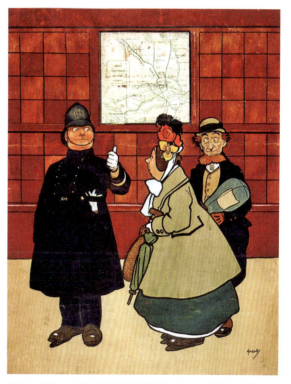

图3.3　约翰·哈萨尔为伦敦地铁设计的《不需要警察》海报 1908

伦敦地铁不仅是世界上第一条地铁线,还是第一条采取合作设计的地铁,包括环形标志(弗兰克·皮克,1918年)、图解地图(亨利·贝克,1933年)和标准化的"约翰斯顿"字体。合作设计这个极具突破性的概念影响了许多其他的地铁。皮克的影响超越了图形设计领域。他的目标是创造一个综合的"合乎使用"的合作设计模式,包括车辆等的产品设计等。同时,他从世界各地的艺术和工艺品中借鉴不同元素,使伦敦地铁的艺术招贴成为伦敦公共交通的核心部分。

当皮克委托插画家约翰·哈萨尔制作《不需要警察》(图3.3)的海报时,他开创了一个先例,可以追溯到伦敦交通局今天开展的地铁艺术计划。"挑选要么是成熟的艺术家,要么是更前卫艺术家,"皮克说,如图3.4和图3.5所示。

人们对伦敦地铁圆形标志,即早年被称作"牛眼"或"枪靶"的红色环状标志最早开始使用的时间并不清楚。现仅知该标志最早在伦敦交通中的使用是在19世纪,作为伦敦公交总公司的标志,当时中间的横杠上标有"GENERAL"字样,即"总"的意思。在1908年,该标志被伦敦地下电气铁路公司采用。标志中间的文字很快被改成"UNDERGROUND"(即"地铁")作为早期的企业形象标志,如图3.6所示。

图3.4　霍勒·斯泰勒为伦敦地铁设计的海报《最辉煌的伦敦》

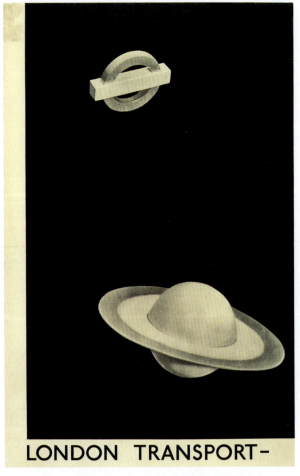

图3.5　曼·雷为伦敦地铁设计的海报《伦敦继续前行》 1938

第 3 章 英国地铁及公共艺术设计   053

为了使地铁集团的海报和签名更加鲜明,弗兰克·皮克委托书法家和字体设计师爱德华·约翰斯顿设计了"具有简洁明确审美的"并且属于"绝对的 20 世纪"的字体。约翰斯顿的灯芯体"地铁字体"首次应用于 1916 年,取得了巨大的成功,如图 3.7 所示。在做了小小的改动后,现在还在继续使用中。

现在,伦敦地铁所有站台均配有圆形标志,并在中间配以站名。2013 年,伦敦交通局更将圆形标志配上不同颜色,并用于其他交通工具,例如伦敦公交、伦敦轻轨电车、伦敦地上铁、码头区轻便铁路等。2018 年启用的横贯铁路也使用圆形标志。

图 3.6 伦敦地铁标志

图 3.7 伦敦地铁威斯敏斯特站

伦敦车站的建筑设计师查尔斯·霍尔登是传统的古典主义大师。他对新建筑技术手段和材料的了解相当丰富。除了表面的装饰外，他还考虑到功能的问题。因此，伦敦地铁站的设计特色形成了风格简洁、功能性强的现代主义形式。它的审美体现了当时的现代设计意识的"新艺术"风格。

在伦敦地铁中，艺术通常是为某种特定目标服务的。公共艺术可以服务于某种实际应用，如帮助乘客确认到达车站的名字和特征，比如在维多利亚车站和贝克街站分别放置了维多利亚女王和夏洛克·福尔摩斯的壁画，如图3.8和图3.9所示。

在英国，现代地铁站在伦敦的银禧线的延长线上。这个工程于1999年开始，包括翻新6个车站、维修站、控制中心和新建5个车站。新的延长线是从格林公园站开往东部斯拉夫德，总长度12.2千米。总设计师意大利人Roland Paleotti亲自委任了十分著名的设计师来设计这9个地铁站，并且由他负责的团队设计了其中的2个。

新设计的车站包括威斯敏斯特站（建筑师迈克尔·霍普金斯爵士）、滑铁卢站（建筑师JLE团队）、索思沃克站（建筑师MJP建筑公司）、伦敦桥站（建筑师韦斯顿·威廉姆森）、柏孟塞站（建筑师伊

图3.8　伦敦地铁维多利亚车站

恩·里奇）、加拿大水站（建筑师 JLE 团队）、金丝雀码头站（建筑师诺曼·福斯特爵士）、北格林尼治站（建筑师阿尔索普、莱尔和斯托默，Alsop, Lyall and Stomer）、坎宁顿站（建筑师约翰·麦克阿斯兰，John McAslan）、韦斯特海姆站（建筑师范·海宁根和海沃德建筑公司）和斯特拉福德站（建筑师克里斯·威尔金森）。出色的设计师和设计团队使得每一座车站都呈现出了很高的建筑水平和结构质量。特别指出的是由诺曼·福斯特设计的金丝雀码头站，它设计有一个十分鲜明的巨型玻璃天顶的入口，日光可以直接射入地下的车站大厅，如图 3.10 和图 3.11 所示。

银禧线延长线的普遍特点是优雅地融合了传统与当代。传统的是 1930 年由查尔斯·霍尔登设计的伦敦地铁，当代则是如今高科技和精纯的功能化设计。即便每个车站都是由不同设计师所做的不同的设计，但它们都具有宽敞的内部空间、混凝土表面、金属细节和自然采光。设计师们清晰界定了每一个空间，把对标识引导的需求降到了最低。所有的设计都考虑到了车站从地表入口到地下月台之间的连贯性，提供了通俗和便于理解的空间优先设计，清晰化了乘客路线并提供了舒适的体验扶梯和直梯。

图 3.9　伦敦地铁贝克街站

图 3.10　英国伦敦　金丝雀码头站银禧线延长线（一）

图 3.11　英国伦敦　金丝雀码头站银禧线延长线（二）

第二节　英国地铁的公共艺术设计

一、艺术的黄金时代

1. 百老汇街 55 号（Broadway 55）

在地铁建立之初，伦敦地铁要建一个新的总部。皮克请建筑师查尔斯·霍尔登来设计打造一座能够体现伦敦地铁精髓的建筑。到了 1927 年，在圣詹姆士公园站百老汇街 55 号开始建设工程，如图 3.12 所示。

百老汇街 55 号是见证伦敦地铁史的代表性地标，筑于 1927—1929 年，如图 3.13 所示。霍尔登集合了一批当时先锋派的雕刻家——雅各·爱泼斯坦、艾里克·吉尔、亨利·摩尔等来打造很有力量感的大楼外立面。整座建筑建在圣詹姆士公园站之上，呈现了当时雕塑界最优异的艺术家佳作。

这座建筑还有另外两座雕塑，被爱泼斯坦称为《日》和《夜》，如图 3.14、图 3.15 所示，但在 1929 年因为不雅而受到严厉批评。爱泼斯坦的灵感源自原始艺术，作品直接雕刻在建筑物的外立面上，这种艺术形式在 20 世纪后期才被接受。《东风》《北风》《西风》《南风》如图 3.16～图 3.19 所示。

百老汇街 55 号的建造在当时可以算是一种突破和壮举，"让艺术成为旅途的一部分"——伦敦地铁的艺术雄心被一群艺术家们推动起航。

图 3.12　圣詹姆士公园站百老汇街 55 号

图 3.13　百老汇街 55 号　建于 1927—1929 年

图 3.14 《日》 爱泼斯坦

图 3.15 《夜》 爱泼斯坦

图 3.16 《东风》 艾伦·盖德纳·怀恩（1928—1929）

图 3.17 《北风》 艾里克·吉尔（1928—1929）

图 3.18 《西风》 塞缪尔·拉比诺维奇（1928—1929）

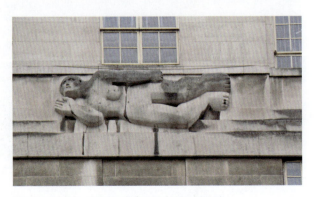

图 3.19 《南风》 艾瑞克·艾摩尼亚（1928—1929）

2. 东芬奇利（East Finchley）站的《弓箭手》

雕塑家艾瑞克·艾摩尼亚的作品《弓箭手》（图3.20）位于东芬奇利站，由于地理位置的特殊性，这里一直是历史悠久的狩猎区。弓箭手的弓直指成长中的伦敦大都市，整座雕塑由榉木制成，钢筋支撑，铅覆盖。作品《弓箭手》是20世纪30年代"将艺术带入车站的渐进计划"项目之一，这个计划曾因第二次世界大战中断。但在第二次世界大战后，随着伦敦地铁的发展，艺术项目又恢复并被不断推进。艾瑞克·艾摩尼亚的另一个作品是位于百老汇街55号的雕塑《南风》。

二、第二次世界大战后方向的改变

到了20世纪60年代，工作重心转向了当时一条新建的地铁线——维多利亚线。英国交通部开始与伦敦城市开拓机构的设计研究部门合作，共同创造了一种在视觉上统一的由点和线组合的设计。站台上独特的平铺纹样给每个车站展示了自己的身份，如在皮姆利科站，彼得·塞奇利的当代设计作品被特别摆放在泰特画廊附近。

1. 黑马大道（Black horse road）站《羞怯的马》

此站是维多利亚线唯一在地面上的一站，大卫·麦克福创造的作品《羞怯的马》（图3.21、图3.22）——一座位于沃尔瑟姆·福雷斯特街道上的浮雕作品。它首先用黏土建模，然后翻石膏，最后用玻璃纤维增强聚酯浇铸。

从这个作品开始关于地铁身份识别试验开始有了新的方向，所谓地铁全线的统一性概念被推翻。20世纪70年代后期，英国交通部希望每个车站的设计都是独特的，那些特别出色的艺术作品不能直接从艺术家工作室里直接搬到车站内，而是需要被特殊定制。

图3.20 《弓箭手》 艾瑞克·艾摩尼亚

图3.21 伦敦地铁黑马大道站 《羞怯的马》（一）

图3.22 伦敦地铁黑马大道站 《羞怯的马》（二）

2. 托特纳姆法院路站的马赛克壁画

在第二次世界大战后，伦敦地铁在公共艺术中最壮观的例子是爱德华多·包洛奇（1924—2005）在托特纳姆法院路站所创作的充满活力的马赛克作品，如图3.23～图3.25所示。马赛克作品于1986年由爱德华多·包洛奇设计，并于2016年委托丹尼尔·伯恩在该站完成他。该站现在是伦敦最大的公共艺术空间之一。爱德华多·包洛奇在20世纪后期的英国艺术发展中发挥了关键作用。他的作品在伦敦地铁列车网络中占有突出地位。

爱德华多·包洛奇的作品在伦敦地铁北线和中央线的车站都有永久性陈列。玻璃马赛克反映了艺术家对当地文化的诠释以及他对机械化的广泛兴趣。马赛克作品作为车站修缮的一部分，在几年前进行了大规模的整修和重组。大约95%的原始马赛克被保留在车站并经历了扩张。在车站内无法搬迁的拱门部分被运送到世界知名的爱丁堡艺术学院，那里曾是包洛奇学习和研究的地方。

马赛克组成的齿轮、活塞和轮子图案穿越站台。埃及图形灵感来于离车站不远的大英博物馆，蝴蝶图案则是艺术家个人对消失已久的土耳其浴场的回忆。爱德华多·包洛奇是20世纪晚期英国艺术发展的重量级人物。托特纳姆法院路地铁站的马赛克作品无论是对艺术家个人还是英国艺术发展都是无价的瑰宝，如图3.26～图3.30所示。

图3.23　伦敦托特纳姆法院路地铁站　马赛克作品（一）　爱德华多·包洛奇

图3.24　伦敦托特纳姆法院路地铁站　马赛克作品（二）　爱德华多·包洛奇

图3.25　伦敦托特纳姆法院路地铁站　马赛克作品（三）　爱德华多·包洛奇

第3章 英国地铁及公共艺术设计　　061

图3.26　伦敦托特纳姆法院路地铁站　马赛克作品（四）　爱德华多·包洛奇

图3.27　伦敦托特纳姆法院路地铁站　马赛克作品（五）　爱德华多·包洛奇

图 3.28 伦敦托特纳姆法院路地铁站 马赛克作品（六） 爱德华多·包洛奇

图 3.29 伦敦托特纳姆法院路地铁站 马赛克作品（七） 爱德华多·包洛奇

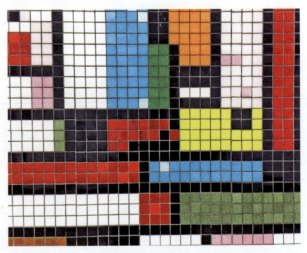

图 3.30 伦敦托特纳姆法院路地铁站 马赛克作品局部 爱德华多·包洛奇

3. 河堤地铁站的壁画

罗宾·丹尼在河堤地铁站的丝带状设计，使该站成为最受欢迎的伦敦地铁站之一。1995年，画家和版画家罗宾·丹尼（1930—2014）受委托为河堤地铁站创作艺术品，如图3.31和图3.32所示。停在河堤地铁站位置的地下火车坐落在泰晤士河畔，为艺术作品提供了灵感。四条不同颜色的线用于代表为河堤地铁站服务的这四条地下线。此外，红色代表地铁列车，蓝色代表泰晤士河。

图3.31　伦敦河堤地铁站（一）　罗宾·丹尼
图3.32　伦敦河堤地铁站（二）　罗宾·丹尼

4. 查灵十字站的壁画

艺术家、雕刻家和水彩画家大卫·简特曼在1978年被任命在当时的北线站台做一些有关于建设埃莉诺女王十字纪念碑情景的壁画作品，如图3.33～图3.35所示。埃莉诺十字纪念碑始建于13世纪，是国王爱德华一世为纪念亡妻埃莉诺女王所做的12座顶端为十字架的纪念碑，查灵十字站也因她而命名。站台的壁画稿由木板雕刻，描绘了中世纪场景。木刻作品被放大之后印刷到层压板上。

图3.33 伦敦地铁查灵十字站 壁画（一） 大卫·简特曼 1978

图3.34 伦敦地铁查灵十字站 壁画（二） 大卫·简特曼 1978

图3.35 伦敦地铁查灵十字站 壁画（三） 大卫·简特曼 1978

三、新世纪的艺术

当前的伦敦交通系统包括伦敦地铁，全部实施了一个"艺术地下"的项目，目标是提供世界水平的地铁艺术，丰富地铁环境，提高乘客的乘坐体验。项目中的作品包括当时在国际上最好的当代艺术，为伦敦文化景观创造出了众多具有多样性的暂时和永久项目。"口袋里的地铁地图"轨道基金委员会的项目等都具有某种特定主题。例如，在"口袋地图"项目中设计师多利安·林斯（Dorian Lynskey）于2006年设计的由英国交通局出版的地铁地图——《地铁地图的音乐》中，使用了著名音乐家和乐队的名字，替代了地图上标注的地铁车站名称，如图3.36所示。

这个历史最悠久的地铁系统成立了一个自己的地铁艺术即"艺术地下"项目组，在最近15年里，他们都在积极地为伦敦地铁引入当代艺术。

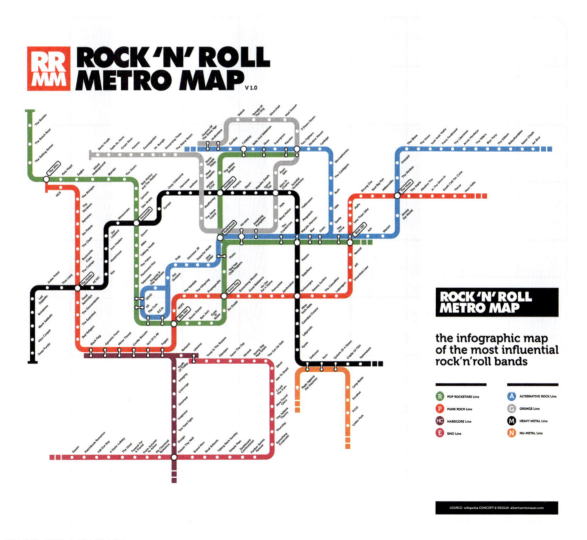

图3.36　英国伦敦"摇滚音乐地铁地图"

从2004年起,"艺术地下"公共艺术开始使用一系列当代艺术家的新作品。2011年11月,在皮卡迪利圆形广场(Piccadilly Circus)站做了一个关于地图封面的艺术展览。考虑到伦敦地下网络的变化,地图封面大约需要每年两次修改和重新印刷。14位艺术家为这个项目进行了设计。2011年的封面主题由日本设计师草间弥生设计。艺术作品在很多站点都有陈设。以石拱门(Marble Arch)站为例,之前的设计是简单的白色瓷砖贴面,后来被不同花样的搪瓷面板装修。搪瓷面板上的图案由艺术家安娜贝尔·格雷设计。

今天,英国交通部对艺术的坚持一如皮克所传承的。从2000年开始,"艺术地下"致力于将艺术带入数百万伦敦人的日常生活。丹尼尔·伯恩、杰奎琳·蓬斯、约翰·缅因以及克努特·亨里克·亨里克森等艺术家的主要作品遍布伦敦。更让人高兴的是他们的新作品将被展示在格洛斯特路(Gloucester Road)站、斯特拉特福(Stratford)站以及南华克(Southwark)站。

1. 马克·渥林格《迷宫》

英国当代艺术的领军人物马克·渥林格(Mark Wallinger),在2013年伦敦地铁150周年带来了他的新作——270幅独立的艺术作品,每一幅都是独特的环形迷宫图,位于伦敦地铁的不同位置,如图3.37所示。

马克小时候在中央红线附近长大,他的创作理念基于他对地铁特殊的情感。在他看来,地铁是一种想象力和精神感知的"传输"工具。而迷宫这种自古就有的符号,传达了精神旅行是可以跨越文化界限的。

图3.37 伦敦地铁 环形迷宫图(一) 马克·渥林格 2013

单色的迷宫图印刷在瓷片上，红色的叉号符是路径入口的标志。跟随手指移动的路线就会发现绕进迷宫中心后又会绕回原点，如同穿梭在地铁通道一样。该作品既没有署名也没有描述介绍。随着时间的推移，"迷宫"演变成地铁文化的一部分，一种地铁里才会有的"民间故事"，一种关于旅行的虚拟象征。

一幅幅迷宫图出现在地铁显著的公共区域。从售票大厅到连接通道，你都能找到它的踪影，如图 3.38～图 3.41 所示。

公共艺术并不是非同寻常，却总是备受争议。一些争议和批评来自大众，质疑为什么把大量纳税人的钱花费在公共空间的艺术品上，并且这些作品未必对社区产生深远影响。还有一些声音来自艺术从业者，从传播角度质疑艺术作品在公共空间传播的有效性——只为了在某个狭小的地铁通道中看看花里胡哨的马赛克根本不值得花费那么多人力、物力。

图 3.38　伦敦地铁　环形迷宫图（二）　马克·渥林格　2013

图 3.39　伦敦地铁　环形迷宫图（三）　马克·渥林格　2013

图 3.40　伦敦地铁　环形迷宫图（四）　马克·渥林格　2013

图 3.41　伦敦地铁　环形迷宫图（五）　马克·渥林格　2013

2. 格林公园（Green Park）地铁站《海域》

约翰·缅因（John Maine）最为出众的作品是与生活环境息息相关的石雕作品。《海域》是他在格林公园地铁站的永久性艺术作品，也是整个车站改善升级计划的重要组成部分。缅因为车站地面上建筑，包括墙壁和地板进行了统一的设计。这件作品的创作理念建立在自然世界基础上，它反映了皮卡迪利的区域特色和格林公园的田园风光。特别选用了英国波特兰岛出产的石料来探索岩石的自然组成，以提醒我们地球生物来自 1.5 亿年前。该作品在视平线处，带状物的海洋生物被刻在切割过的波特兰石上，如图 3.42 所示。

约翰·缅因是这样描述他的项目的：

"我想利用墙上的波特兰石头来探索岩石的自然构成，并绘制出材料的内部结构，揭示 1.5 亿年前海洋生物的化石遗骸。我想象这四个小型建筑物的露头与地层相互连接。通过围绕建筑物的角落，它们呈现出更加坚固的感觉，围绕墙壁的各种带子强调了自然层，您可以在波特兰采石场找到它们（图 3.43）。我选择了一块特别富含化石的石头床；所谓的'螺旋腹足动物'，看起来像由尖锥形状制成的小箭头。在石头中它们可能不超过 8 厘米，但我仔细检查它们并决定以更大的规模绘制它们。我已经在建筑物周围的一块透明石头上切割了这些化石放大图纸（图 3.44）。"

墙面板与建筑物上的滴水层结合在一起，形成清晰的水平线，使波特兰石头不仅仅是简单的层压板，它已成为一种雕塑形式，如图 3.45 所示。

图 3.42 伦敦格林公园地铁站 《海域》（一） 约翰·缅因 2011

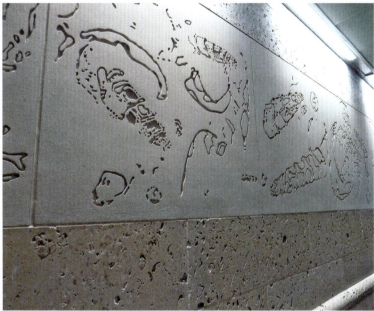

建筑物的边缘由更多花岗岩制成，来自阿伯丁郡（Kemnay）著名的旧采石场。地板铺满了来自不同国家的花岗岩，每块板都标有螺旋形切口。

该站的艺术委员会是"艺术地下"的一系列永久性艺术项目之一，作为少数站点升级的部分提供。约翰·缅因的作品《海域》在格林公园车站周围引入了一个有意义的概念和艺术感受，并为伦敦的社区和游客在日常生活中体验艺术做出了贡献。

约翰·缅因最著名的是用石头制作的大型户外雕塑，并与周围的景观有关。他的作品采用简单的形式，如戒指、圆柱和圆锥以及绘画元素。物理重量和质地也是他雕塑的特征。他的广泛旅行为他的工作提供了信息。

早在18世纪，格林公园附近曾有一个水库，人们会在水库附近散步。螺旋式花纹不但可以吸收地面的水分，还表示了海底化石的层级分布。格林公园站是伦敦地铁系统最繁忙的交汇站之一。在新改造的车站大楼中可以从Piccadilly将皇家公园的景色一览无余，如图3.46、图3.47所示。

图3.43　伦敦格林公园地铁站　《海域》（二）　约翰·缅因　2011

图3.44　伦敦格林公园地铁站　《海域》（三）　约翰·缅因　2011

图3.45　伦敦格林公园地铁站　《海域》（四）　约翰·缅因　2011

图 3.46　格林公园站通道的马赛克（一）

图 3.47　格林公园站通道的马赛克（二）

3. 国王十字站（King's Cross）改造

2005 年，铁道公司宣布了一项 4 亿英镑的修复计划，这个计划在 2007 年 11 月 9 日由议会批准。按计划车站把弓形屋顶完全修复，把 1972 年增建的建筑完全拆除，改造成了一个露天广场。车站西侧，大北方酒店后侧，拆除了一些附属建筑，建设了一个半圆形的候车大厅，2012 年竣工。它代替了 1972 年的临时建筑、购物区、东海岸国家快速列车公司的售票处，提供了更方便的城际列车和市郊列车间的换乘。

国王十字通道将国王十字车站与万潘克拉斯广场的商店和餐馆连接起来，由建筑师艾利（Allies）和莫里森（Morrison）设计的 90 米长的人行隧道呈现出柔和的曲线，并配有由 LED 灯制成的"艺术墙"，用于展示艺术家的作品，如图 3.48～图 3.51 所示。

图 3.48　国王十字车站广场（一）

图 3.49　国王十字车站广场（二）

图 3.50　国王十字通道（一）

图 3.51 国王十字通道（二）

4. 伍尔维奇·阿森纳DLR（Woolwich Arsenal DLR）车站《街头生活》

知名艺术家迈克尔·克雷格·马丁受委托为新的伍尔维奇·阿森纳DLR车站创作永久性艺术品。这件陶瓷艺术品描绘了一系列日常用品，如手机、一串钥匙、一本书等，背景为鲜艳的色彩。他把这些物件放大绘画，并配上荧光蓝、粉绿和粉红等夺目的色彩，极具张力，如图3.52～图3.54所示。这些内容虽然源于迈克尔·克雷格·马克的图像语言，却是单独为地铁站选择和创作的。

迈克尔·克雷格·马丁与曼诺建筑陶瓷（Manor Architectural Ceramics）公司的迈克·霍恩斯比（Mike Hornsby）密切合作，创作的作品中每块瓷砖都经过单独的丝网印刷，以确保整个装置的色彩一致性。

迈克尔·克雷格·马丁说："在建筑上工作是一个令人愉快的挑战，我认为我的工作必须以这样的方式与建筑结合，以便共同定义地点。这种作品不仅是装饰空间，更是激活空间。好的艺术对人们有好处。"

伍尔维奇·阿森纳DLR地铁站曾荣获2009年轻轨奖、年度项目奖和2009年ICE伦敦优异奖。

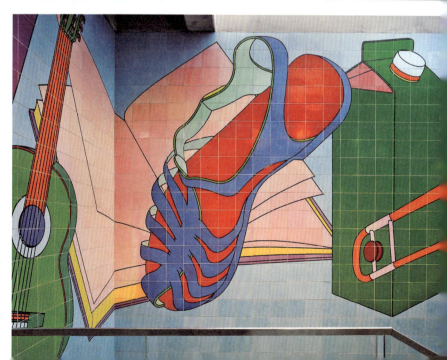

图3.52　伦敦地铁伍尔维奇·阿森纳DLR地铁站《街头生活》（一）　迈克尔·克雷格·马丁　2009

图3.53　伦敦地铁伍尔维奇·阿森纳DLR地铁站《街头生活》（二）　迈克尔·克雷格·马丁　2009

图3.54　伦敦地铁伍尔维奇·阿森纳DLR地铁站《街头生活》（三）　迈克尔·克雷格·马丁　2009

5. 国王十字站《完整的圆》

如果走过北线上的国王十字地铁站的售票大厅，你会看到墙的两端有两个灰色金属结构的装置。它就是艺术家汉力森创作的作品《完整的圆》，这件作品在20世纪80年代就常驻伦敦地铁，如图3.55所示。它分为两个部分，一部分是为北线（黑线）而做，另一部分是为皮卡迪利线（深蓝线）而做。该作品力求展现被地面所截断的那"消失的一部分圆"。汉力森试图"恢复"消失的部分，作品一部分采用喷丸处理的不锈钢板，另一部分采用钢筋网格板材。《完整的圆》重新思考了地铁的共同特征对于建筑空间所产生的微妙变化——完整与不完整、失去与寻回。《完整的圆》是一个极具时代特征和哲学思考的作品。

看似极简的作品外表，其实每段位置的固定都是极其精确的，它是由通过两个站点的物理和建筑结构所产生的相互约束力而最终决定的。从外表上我们可以看到被地板裁掉的一部分圆在地面上呈现的效果和角度是不同的（一个是倾斜的，另一个是平行于地面的）。

这种看似计算过的摆放其实只是艺术家偶然的呈现，想要表达在高度现代化和精简功能环境中所展现的人类姿态。作品的概念和选材一部分也是为了迎合车站的改造升级，采用了大面积的玻璃、不锈钢和瓷砖。作品和车站整体风格非常融合，甚至感觉不到它的存在，如图3.56所示。

图3.55　伦敦地铁国王十字站　《完整的圆》(一)　汉力森　2011

汉力森对建筑学一直非常关注，他的作品在一定程度上受到了当代艺术和建筑的影响。《完整的圆》是自20世纪80年代以来首次在交通网络上安装的永久性作品，它的出现使传统不断更新，并为未来的艺术树立了新的标准，如图3.57所示。

图3.56　伦敦地铁国王十字站　《完整的圆》(二)　汉力森　2011

图3.57　伦敦地铁国王十字站　《完整的圆》(三)　汉力森　2011

6. 艾奇韦尔路（Edware Road）地铁站《包装纸》

在这个车站的很多角落都可以看到《包装纸》，它由不同色彩的格子和图案组成，以应对不断变化的区域。图案中叶子的细节参考了摄政公园的树木，而精致的水的模板暗示了在附近地下流淌的蒂伯恩暗河。图案不同的颜色反映了地图的颜色，暗示了建筑物与它的联系，如图3.58所示。

《包装纸》的抽象图案被丝网印刷到珐琅表面，如图3.59所示。这是一件大型的艺术作品，超过700个珐琅面板被用于约1500平方米的建筑表面。《包装纸》不仅是伦敦最大的作品，而且是欧洲最大的玻璃珐琅艺术品。

图3.59　伦敦艾奇韦尔路地铁站　《包装纸》（一）　杰奎琳·庞塞莱特　2012

图3.58　伦敦艾奇韦尔路地铁站　《包装纸》（二）　杰奎琳·庞塞莱特　2012

7. 托特纳姆法院路（Tottenham Court Road）地铁站《钻石和圆圈》

法国最有影响力的艺术家之一，丹尼尔·伯恩首个大型永久性装置作品正式在伦敦揭牌，同时，他发布了一本名为《丹尼尔·伯恩的地下》的书，记录了这个极富艺术感的地铁站，如图 3.60 所示。鲜明的色块和竖直条纹是丹尼尔·伯恩最具特色的视觉工具。他运用这些条纹，受邀在世界各地创作了多件作品。

丹尼尔·伯恩受英国公共交通委员会委托，在新翻修的伦敦托特纳姆法院路地铁站内加入了自己的作品《钻石和圆圈》，如图 3.61 所示。在这之前，这个有中央线和北线交汇、位于繁华市中心的地铁站陈设着爱德华多·包洛奇引人注目的马赛克壁画。当 2015 年传出消息，大约有 5% 的壁画将作为车站翻新的一部分而被拆除时，还引起过不小的争议。

伦敦市民曾担心爱德华多·包洛奇的马赛克被换掉之后，托特纳姆法院路地铁站的艺术气息会被削弱。事实上，当丹尼尔·伯恩的波普艺术陆陆续续出现在车站入口处时，伦敦市民发现这个地铁站变得更加具有当代性的美感，如图 3.62 和图 3.63 所示。

图 3.60　伦敦托特纳姆法院路地铁站　《钻石和圆圈》（一）　丹尼尔·伯恩　2017

图 3.61　伦敦托特纳姆法院路地铁站　《钻石和圆圈》（二）　丹尼尔·伯恩　2017

图 3.62　伦敦托特纳姆法院路地铁站　《钻石和圆圈》（三）　丹尼尔·伯恩　2017

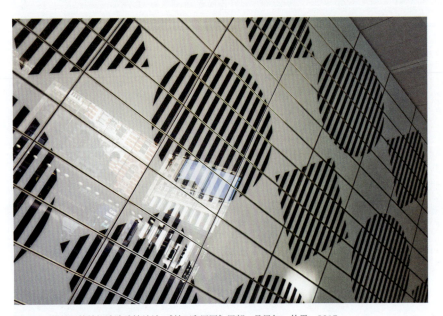

丹尼尔·伯恩说道："博物馆只能吸引一小部分人，而地铁站却是公共的。这对我来说很有意思。"他给地铁站的多个出口分别设计了不同风格的艺术作品，有的是简洁的黑白色条纹几何图形墙，有的是同样黑白条纹的墙壁，不过因为加入了热烈的橙色、红色、绿色、蓝色的几何图形而显得更活泼。

图 3.63　伦敦托特纳姆法院路地铁站　《钻石和圆圈》局部　丹尼尔·伯恩　2017

8. 黑马大道地铁站《设计·工作·休闲》

位于沃尔瑟姆斯托的黑马大道地铁站的设计构成了一系列新的瓷砖艺术品的一部分，名为《设计·工作·休闲》，于2016年在维多利亚线上安装。在车站售票大厅，艺术家吉尔斯·朗德创造了一个由256块手工瓷砖组成的装置，如图3.64和图3.65所示。

瓷砖主要是深蓝色，曾经是20世纪60年代建造的维多利亚线地铁的原始颜色。这些艺术品共同构成了沃尔瑟姆斯托地区的一个重要新地标，以改善车站周围的区域景观，如图3.66所示。

这两件作品的灵感来自威廉·莫里斯的艺术，威廉·莫里斯曾经是沃尔瑟姆斯托地区的居民。吉尔斯·朗德说："《设计·工作·休闲》旨在制作一件介入伦敦地铁网络的功能性艺术品。该项目参考了威廉·莫里斯的作品和价值观。作品纪念了伦敦地铁的历史，并致力于为公众带来最好的艺术和设计。"

图3.64　伦敦地铁黑马大道地铁站　《设计·工作·休闲》（一）　吉尔斯·朗德　2016

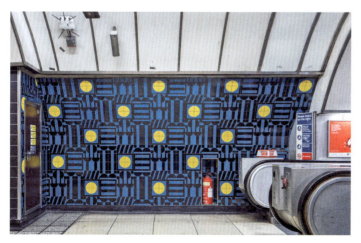

图3.65　伦敦地铁黑马大道车站　《设计·工作·休闲》（二）　吉尔斯·朗德　2016

图3.66　伦敦地铁黑马大道车站　《设计·工作·休闲》（三）　吉尔斯·朗德　2016

9. 格罗斯特路（Gloucester Road）地铁站《大本钟》

2012年为了迎接奥运会，萨拉·莫里斯为格罗斯特路地铁站创作了一件线性叙事艺术作品，装置于月台上延伸的之前被废弃的18个拱门上，如图3.67和图3.68所示。

图3.67 伦敦地铁格罗斯特路地铁站《大本钟》（一） 萨拉·莫里斯 2012

图3.68 伦敦地铁格罗斯特路地铁站《大本钟》（二） 萨拉·莫里斯 2012

这件作品是一个不断演变的几何图像和色彩范围，表达了对伦敦过去和未来的抽象反思。萨拉·莫里斯经常用绘画和装置的形式来反映城市环境中的建筑与都市中人群的心理。

作为伦敦的标志性建筑，大本钟这个名字已成为议会大厦的钟楼的代名词，它的原名威斯敏斯特宫钟塔已逐渐为人淡忘，如图 3.69 所示。

萨拉·莫里斯设计的形象将伦敦的历史和建筑形态联系在一起，其象征着运动和时间，并且自然地将地铁中的城市文化和 2012 年奥运会的主题联系起来。

图 3.69　威斯敏斯特宫钟塔　即"大本钟"

10. 皮卡迪利环铁（Piccadilly Circus）站《不朽大于美》

远见卓识的英国交通部部长弗兰克·皮克自 1906 年以来一直影响着交通运输业，作品《不朽大于美》由本·朗兰和尼基·贝尔创作完成，用来纪念皮克离世 75 周年。

本·朗兰和尼基·贝尔在车站大厅醒目位置安装了硕大的伦敦地铁标志。该作品长 9.5 米，高 2 米，标志性的地铁圆标和青铜铸造的约翰斯顿字体是皮克在 1915 年委托设计的并沿用至今，如图 3.70 所示。

艺术家在伦敦交通博物馆的档案中进行研究时发现的一些皮克自己的涂鸦，也激发了纪念碑及其名称《不朽大于美》（Beauty<Immortality）的创作灵感。

根据皮克的笔记，纪念馆中的文字写着："BEAUTY < IMMORTALILY；UTILITY < PERFACTION；GOODNESS < RIGHTEOUSNESS；TRUTH < WISDOM。"[①]它象征着皮克一生坚持的信念："我们周围的环境质量有助于我们自己的生活质量。"

这一切的缔造者——弗兰克·皮克，在他的推动下伦敦有着当时最先进的公共交通系统。20 世纪初他就担任了伦敦地铁的负责人，之后把交通网络不断扩大到铁路和巴士，这才形成了 20 世纪 30 年代伦敦庞大的交通网络。

皮克所监管的正是交通运输设计的黄金年代，通过委托当时最好的建筑师、艺术家和设计师，他全面塑造了伦敦交通的视觉识别系统。他留下的庞大遗产包括诸多设计独特的地铁站、经典的爱德华·约翰斯顿字体、标志性的地铁地图和被全世界广泛认可的环形标志——地铁圆标。在伦敦以外，皮克也对世界各地的城市交通系统产生了深远的影响。伦敦交通博物馆馆长山姆·马林斯说："世界各地的人们都熟悉伦敦地铁的徽标、伦敦地铁独特的车站建筑和爱德华·约翰斯顿字体，这些标志着这个突破性设计委托人的贡献。"

艺术家本·朗兰和尼基·贝尔还原了艺术的本质，希望艺术能够丰富数百万人的日常生活环境，这也是弗兰克·皮克的人生愿望。

图 3.70 皮卡迪利环铁站《不朽大于美》 本·朗兰和尼基·贝尔 2016

---

① 意译为"美丽＜不朽；实用＜完美；善意＜正义；真理＜智慧。"

第 4 章 | 法国巴黎地铁及公共艺术设计

第一节　法国巴黎地铁

早在1845年，巴黎市政府就与各家铁路公司讨论兴建巴黎地铁的可行性，但是政府和铁路公司对于整体路网的形式有分歧。理念的不同使双方对巴黎地铁计划的分歧进一步加深。另外，对于地铁的兴建位置也有两种截然不同的声音：将路轨建于架空路段，但反对者认为这样会严重影响市容；将路轨建于地下，但反对者认为这样会给乘客的健康带来危害。

关于巴黎地铁的方案计划讨论了数十年之久未有实质性进展。在此期间，伦敦地铁于1863年通车，后又于1890年开始投放电力机车。波士顿地铁则于1867年通车，不过建在露天高架位置。布达佩斯地铁也于1896年建成。这些地铁系统给巴黎地铁提供了样本。另外，随着电力革命带来的技术革新，加之巴黎人口增多、交通问题层出不穷。1900年巴黎世博会临近，修建地铁系统已是迫在眉睫，最终根据巴黎市政府的构想，兴建主要行驶在地下的铁路系统。[①]

1898年，工程师费尔尚斯·比耶维纽主持设计了穿越城区东西轴的维琴斯桥和邮报港口之间的1号线，如图4.1所示。早期地铁使用飞拱技术挖掘，在穿越塞纳河时在多孔桥上铺轨。后来，运营网络通过传统手段扩展起来，并在河床下面建设隧道，如图4.2所示。

1900年7月19日，巴黎地铁首条路线——1号线（从马约门到文森门）随巴黎世博会开幕启用，车站的新艺术样式出入口由建筑师赫克多·吉玛德设计[②]。市民被这种更高效且舒适的新型交通工具吸引，客流量不断增加，列车车厢也在通车后的2年内从3节增加到8节[③]。

巴黎地铁是世界上第五条地铁，在伦敦、格拉斯哥、布达佩斯和波士顿之后。巴黎地铁一直被认为是最优雅的地铁，主要是因为它自成一派的新艺术建筑风格和被称为"吉玛德风格"的液态一样的流线设计，因与当时风靡一时的法国新古典主义完全背道而驰，而显得标新立异。1899—1905年的巴黎地铁站入口的铸铁材料被设计成优雅的花朵形态，并且用透光材料架起了轻型顶棚。

经过二期路网、随后的延伸近郊和路网调整以及第二次世界大战后的建设，进入21世纪的巴黎地铁一共有16条线，其中14条主线、2条支线，全长220千米，共380个地铁站，每个地铁站都拥有深厚的历史积淀和浪漫的人文艺术气息。巴黎地铁在法兰西岛大区每日的通勤达到了2 700万人次，其中，乘坐巴黎地铁的就有450万人次，占18%，略高于乘坐公交车的人数（约占16%）和乘坐RER[④]、远郊铁路的人数（约占15%）。巴

[①]（法文）让·特里夸尔，14条地铁线的百年风雨（Jean Tricoire, Un siècle de métro en 14 lignes），ISBN 2-915034-32-X.

[②] 赫克多·吉玛德（Hector Guimard, 1867—1942）是法国里昂出身的建筑师，他是19世纪末至20世纪初新艺术运动风格的最著名代表，代表作品是巴黎地下铁车站的出入口。

[③] 1900年3月10日早报插图副刊. H·邓格罗，城铁公司管理员. [2010-06-06]（法语）

[④] 法兰西岛大区快铁，简称大区快铁，是位于法国法兰西岛大区的通勤铁路网络，贯通巴黎及邻近地区。截至2007年共有5条路线，线路总长度587千米，其中76.5千米位于地下，共计257个车站，其中33个位于巴黎市区，平均日客流量达270万人次。法兰西岛大区快铁是一个混合型系统，结集现代城市中心地铁以及固有地区铁路的特征。

图 4.1 工程师费尔尚斯·比耶维纽的浮雕纪念像（1852—1936）

图 4.2 巴黎地铁过河隧道的施工场景

黎地铁的标志牌如图 4.3 所示。

但对于 200 万居住于巴黎市区的居民而言，由于路面交通堵塞，因此地铁就成了他们出行的首选，在巴黎市区内每日的通勤族当中，乘坐地铁和 RER 的比例高达 50%，这个比例远远高于乘坐私人交通工具（26%）和公交车（17%）的比例。一项由法兰西岛运输联合会（STIF）执行的公众调查显示，巴黎地铁在 2004 年的公众满意率达到了 87%，在当地所有公共交通系统当中位居榜首。巴黎人常说 "metro, boulot, dodo"（地铁、工作、睡觉）是生活三步曲，由此可见，地铁之于巴黎，不仅是交通工具，更已经成为活在巴黎的一种生活方式。

巴黎地铁已经形成了十分独特的风格，它的无柱拱顶使用白色瓷砖贴面的建筑形式，蓝色标牌和白色文字的标志设计，固定尺寸的广告牌和严谨设计的灯箱、采光和其他细节都构成了它的特点。如图 4.4 所示。

图 4.3　巴黎地铁的标志牌

图 4.4　巴黎地铁内部环境

第二节 巴黎地铁的公共艺术

在巴黎，独立运输公司用一种"感性风"来设计艺术的应用，交通网络被看作城市文化的剧场和舞台。这样的文化舞台通过"车站画廊"的形式创作出一些专题车站，像巴黎卢浮宫里沃利街站展示了卢浮宫的艺术作品。共有9个专题车站在1998年的设计比赛中竞出，如根据遗产概念衍生出来的杜乐丽车站，它包括交通轨道中标志的混贴和世界上的7个壁画；欧罗巴站用"欧洲"主题的影像通过海报、视频图像和声音以及色彩景观等方式在EU-15线展现。圣日耳曼德佩站的主题是《创造》，文本的书写以投影的方式投在地铁隧道的天井上，并且在站台上将书陈设在展示柜。

在其他车站，犹太城雷奥·拉格朗日站设置了一个巨大的以《运动》为主题的湿壁画，表达了运动主题，陈设了全球众多体育用品。卢森堡站的主题是《城市生态学》，其中在站台中间设计了以城市重点为主题的报纸画面组成的壁画。巴斯德站的主题是《健康》，在站台和走廊提供了私人和公众健康相关艺术作品的创作展示。蒙帕纳斯站的主题是《建设地铁的人》，其反映了地铁的员工、设计师、乘客等人物形象。家乐福·普勒耶尔站的主题是《音乐》，当列车驶过时会播放事先安排好的声音和灯光。佳音站的主题是《电影院》，整个地铁站的内部装修成一个电影院，并且在站内放映由著名电影剪辑成的混合短片。2000年由菲利普·法维尔设计的PILI站，主题为《路线指示灯计划》，陈列了一个点亮了的巴黎地铁地图，给予乘客一段充满想象力的电子旅程。14号线的金字塔站，通常会展示现场行为艺术和现场音乐，已经成为巴黎地铁的一部分。

一、早期的巴黎地铁公共艺术

巴黎最早的地铁站由设计师赫克多·吉玛德设计。19世纪末和20世纪初的30年间里，法国正处于轰轰烈烈的新艺术运动洪潮中，新艺术风格逐渐打破传统，把幻想美学发挥到极致。它通常以花卉和昆虫为表现形式，造型梦幻、色彩艳丽夸张。受新艺术的启发和影响，赫克多·吉玛德设计的地铁站好似梦幻花园的入口，体现强烈的新艺术风格，如图4.5所示。

吉玛德设计的地铁入口有两种基本类型：有玻璃屋顶和没有玻璃屋顶，如图4.6、图4.7所示。他设计的所有入口都是用铸铁建造的，并且大量参考自然和植物的象征意义。到目前为止，大多数地铁入口的电灯照明，吉玛德都通过在类似植物茎的高支撑杆上放置两盏灯来解决，其中橙色灯被一片类似于植物叶子或百合枝包围。吉玛德还在其独特的手绘字体中加入了特有的"Métropolitain"标志。到1920年有超过150个这样的地铁站入口建成，如图4.8~图4.11所示。

他在设计中广泛应用预制建筑构件，尤其关注铸铁构件，从植物造型中获取灵感，将结构延伸成一种完美装饰，为铸铁这种新材料赋予了全新的艺术表达。当他的代表作巴黎地铁入口设计完成之后，

图 4.5　赫克多·吉玛德设计的地铁入口（一）

第 4 章 法国巴黎地铁及公共艺术设计

图 4.6　赫克多·吉玛德设计的地铁入口（二）

图 4.7　赫克多·吉玛德设计的地铁入口（三）

图 4.8 赫克多·吉玛德设计的王妃门站地铁入口天顶

图 4.9 赫克多·吉玛德设计的王妃门站地铁入口内部

图 4.10 赫克多·吉玛德设计的地铁入口背面

图 4.11　赫克多·吉玛德设计的地铁入口标识牌
图 4.12　赫克多·吉玛德设计的地铁入口（四）

"吉玛德风格"被人们称为"地铁风格"，成为法国新艺术风格的代名词。

吉玛德相信设计品质源于自然形式。他曾写道："自然的巨著是我们灵感的源泉，而我们要在这部巨著中寻找出根本原则，限定它的内容，并按照人们的需求精心地运用它。"

他取法于自然，强调自然的多样性统一。同时，对现实的思考也融入追求自然之中——"实现信仰要求，利用现代资源，认清科学带给人类各个层面的进步，表现自然的品质"。而这些都可以归纳到他的三个基本设计原则——理性、协调和情感。理性指建筑师要考虑特定案例中的所有条件，并处理其无限的变化和数量；协调强调建造过程的一致性，不仅考虑设计任务要求和可利用资金，还要注重环境；情感作为前面两者的补充一起贯彻在设计中，由人的感情引导，追求艺术表现的最高境界。至今，仍有86个由他设计的地铁站被巴黎人保留并使用着。

超现实主义宗师达利曾这样形容赫克多·吉玛德的设计："那些神奇的巴黎地铁入口，人们伴随着它们的优雅走进了自己的潜意识世界中，这是一个憧憬明天、栩栩如生的美学王国。"这一系列被赋予超现实意义的巴黎地铁入口已经被列入法国历史古迹名录，如图 4.12 所示。

二、第二次世界大战后的公共艺术

1. 瓦雷恩（Varenne）地铁站：思想者的车站

瓦雷恩地铁站是巴黎地铁第一个进行内部艺术品陈列的车站，位于巴黎七区。瓦雷恩地铁站得名于瓦雷恩路，是巴黎地铁13号线的车站。瓦雷恩地铁站开通于1923年12月20日，车站附近有罗丹博物馆。地铁车站的月台内陈列了两尊罗丹的代表作，因此，这个车站也被称为"思想者的车站"，如图4.13和图4.14所示。

位于车站平台另一端的是小说家巴尔扎克的雕塑，如图4.15所示，这两件作品自1978年以来一直在这里。最初这里有其他罗丹作品以及照片和绘画展示柜，后来被移走。最后只剩下《思想家》和《巴尔扎克》这两件雕塑作品。

图4.13 瓦雷恩地铁站 《思想者》青铜雕像

图4.14 瓦雷恩地铁站 《思想者》青铜雕像与站台

图4.15 瓦雷恩地铁站 《巴尔扎克》铜雕

2. 犹太城—雷奥·拉格朗日（Villejuif-Leo Lagrange）站

犹太城—雷奥·拉格朗日站是巴黎地铁 7 号线的一个车站，开通于 1985 年 2 月 28 日。车站的名称取自第二次世界大战期间的民族英雄雷奥·拉格朗日，他是一位法国社会主义政治家、国家运动委员会副秘书长和反法西斯主义者。他组织协办了巴塞罗那人民奥林匹克运动会，反对 1936 年柏林夏季奥运会，他在二战时期法兰西战役中去世。

运动的主题贯穿于车站内部的各个角落，从灯光到月台，从入口到通道。建筑师、艺术家和体育方面的专家密切合作，确保这个车站空间内全面展现了体育运动的激情，如图 4.16～图 4.18 所示。

图 4.16 犹太城—雷奥·拉格朗日站 壁画《一百米游泳》

图 4.17 犹太城—雷奥·拉格朗日站 内部全景

图4.18　犹太城—雷奥·拉格朗日站　壁画《一百米短跑》

地铁设计结合"体育建筑"的特征，将长跑和游泳作为整体设计的意象主题，贯穿于壁画形态的塑造和景观设计的主要元素，形成优美的弧线和曲面，以此传递奥林匹克文化意象，表达体育的力量和精神气质。

3. 克吕尼—巴黎大学站

克吕尼—巴黎大学站于1930年开通，1988年重新装修完毕。克吕尼—巴黎大学站位于巴黎五区拉丁区和巴黎左岸的心脏地区，以克吕尼博物馆和巴黎大学命名。巴黎大学是巴黎高等教育发源地之一，以此命名的地铁站也带有着浓厚的文化气息。

本站的独特之处在于采用三车道式轨道，如图4.19所示，其站内拱顶上镌刻有巴黎大学著名校友的签名，先锋派画家让·巴赞利用马赛克镶嵌瓷砖作为站台穹顶装饰《翅膀与火焰》，这个以西方宗教艺术惯用的形式，而以科学、哲学、文化为主题制作的大型天顶壁画穹顶装饰，使本站别具一格，散发着拉丁区文人遗韵，如图4.20所示。

图 4.19　巴黎克吕尼—巴黎大学站　地铁壁画《翅膀与火焰》　让·巴赞　1988
图 4.20　巴黎克吕尼—巴黎大学站　地铁壁画《翅膀与火焰》局部　让·巴赞　1988

让·巴赞这样评价他的马赛克绘画和项目：之前他做过很多教堂的彩色玻璃窗，而他的设计就是将巴黎克吕尼—巴黎大学地铁站做成一座"地下教堂"。在彩色玻璃马赛克装饰下的地铁站与教堂的材料一致，但图形是热情奔放的抽象图形。

这个巨大的马赛克镶嵌作品一共占 400 平方米。作者把一只 20 米长的巨大蓝鸟和一只长 20 米的红鸟放在了地铁站台的天顶上。天顶上巨大的签名涂鸦是由巴黎大学知名校友的签名所组成，他们中有诗人、作家、哲学家、艺术家、科学家、国王和政治家等，包括乔治·桑、居里夫人、画家库尔贝等诸多名人，如图 4.21～图 4.24 所示。

4. 新桥（Pont Neuf）地铁站

新桥地铁站（图 4.25）附近是德拉莫奈酒店，曾经的巴黎造币厂旧址。巴黎造币厂创建于公元 864 年，发行硬币和奖牌，是法国历史最悠久的机构。

地铁月台内部的墙壁和穹顶展示了各种法国硬币的大型复制品，如图 4.26 和图 4.27 所示。除了古钱币，你还可以看到一个巨大的中世纪硬币，边缘有一个鸢尾花。这个鸢尾花看起来像一个风格化的百合花，与法国君主制有关。

月台上还陈列着一台用于压印硬币的机器和两个陈列真币的展柜，如图 4.28 所示。

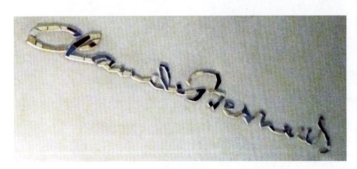

图 4.21　医学家和生理学家克劳德·伯纳德（Claude Bernard）的签名

图 4.22　物理学家盖·吕萨克（Gay Lussac）签名

图 4.23　画家居斯塔夫·库尔贝（Gustave Courbet）的签名

图 4.24　小说家乔治·桑（Georges Sand）的签名

第 4 章 法国巴黎地铁及公共艺术设计

图 4.25 新桥地铁站（一）

图 4.26 新桥地铁站（二）

图 4.27　新桥地铁站装饰的硬币

图 4.28　新桥地铁站的造币机和展示柜

5. 巴士底狱（Bastille）站（1号线）壁画

巴士底狱站5号线站台上有巴士底狱的遗迹与界线标记，1号线站台在1989年法国大革命200周年时装饰上了与大革命相关的艺术作品，如图4.29所示。陶艺家莉莲娜·贝伦贝（Liliane Belembert）和奥迪尔·贾科特（Odile Jacquot）于1989年为这些露天平台创作了长达150米的五幅壁画，以纪念法国大革命200周年，如图4.30所示。今天有三条地铁线路在巴士底狱站运行：两个在地下，1号线站台在露天，如图4.31所示。巴士底狱站拥有一流的主题装饰，当代艺术家为我们展示了法国大革命的田园诗般的形象（图4.32）。

巴士底狱站原是法国王室囚禁政治犯之处，在1789年7月14日被人民攻陷，此事件被视为法国大革命的开端。法国大革命在法国历史上有着举足轻重的地位，而这一站用站台墙壁上精美的壁画向人们展示了法国大革命艰难而光辉的历程，传递民族记忆和民族精神，如图4.33和图4.34所示。

图4.29　巴黎巴士底狱站的巴士底城堡遗迹基石和宣传面板

图 4.30 巴士底狱站瓷砖壁画(一)

图 4.31 巴士底狱站月台

第 4 章　法国巴黎地铁及公共艺术设计

图 4.32　巴士底狱站瓷砖壁画（二）

图 4.33　巴士底狱站瓷砖壁画（三）

装饰瓷砖描绘了大革命时的场景，艺术家将明快的色彩混合在一起，描绘了富于激情的欢乐的人群，他们代表了参加大革命活动的人民群众，奠定了法兰西共和国的基础和原则，如图 4.34 所示。

6. 杜乐丽（Tuileries）站（1号线）

杜乐丽站以杜乐丽花园和杜乐丽宫命名，杜乐丽站别出新意之处在于它的巨大横幅和沿幕，展示了不同时期的历史大事件，通过卡通和现代感的形式，让人们回顾历史。墙上的装饰画描绘了 20 世纪文化历史的发展以及标志性的历史事件。出站口与杜乐丽花园仅一墙之隔的是赫克多·吉玛德设计的新艺术地铁站，两站的艺术风格遥相呼应，相得益彰。

两侧月台的墙边贴了 10 幅表现法国 20 世纪以来百年地铁历史的壁画，而且每个年代发生的重要大事在墙上都能找到影像，例如交通票卡的启用、香奈儿的第一瓶香水、条形码的启用、玛丽莲·梦露的倩影、卓别林大师的故事……这是一部生动的文化与科技发展史，如图 4.35～图 4.39 所示。

图 4.34 巴士底狱站瓷砖壁画（四）

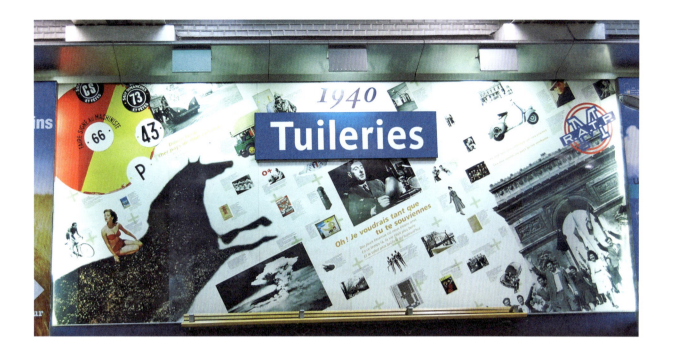

图 4.35　巴黎地铁杜乐丽站壁画（一）
图 4.36　巴黎地铁杜乐丽站壁画（二）

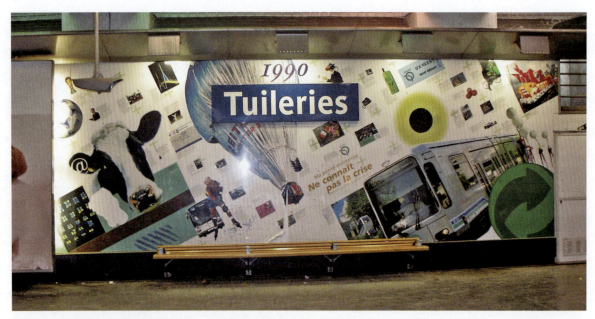

图 4.37　巴黎地铁杜乐丽站壁画（三）

图 4.38　巴黎地铁杜乐丽站壁画（四）

图 4.39　巴黎地铁杜乐丽站壁画（五）

7. 协和广场（Concorde）站（12 号线）

协和广场站因位于协和广场之下而得名。地铁站台墙壁上每一片瓷砖上都有一个字母，覆盖了整个地铁站。所有字母组合起来，构成了《世界人权宣言》，如图 4.42～图 4.44 所示。这是比利时籍建筑师弗朗索瓦·沙因在 1991 年创作的公共艺术作品。

1989 年，法国大革命二百周年和柏林墙倒塌之初，历史推动着社会的发展并聚集了社会的理想。两百年时间和两百千米城墙将巴黎和柏林的事件引发在同一年。又是同一年，弗朗索瓦·沙因在巴黎开始着手创作名为《一种文字》的壁画，它在协和广场地铁站的拱顶上展开，作品没有标点符号，文字之间没有空格，如图 4.40～图 4.43 所示。

作品由 44 000 个单个字母图形组成了整个壁画空间，就像成千上万个字组成的巨大谜题。

如果观众的眼睛发现了第一个单词，那么在火车带他离去之前，他的脑海会突然浮现出文本的隐藏意义。从历史上看，文明的变异就是在城市中创造出来的。

作者弗朗索瓦·沙因（图 4.44）是一名女性建筑师和城市规划师，她还是一名视觉艺术家，并是世界知名的人权主义艺术家。在比利时高等建筑学院学习建筑后，她搬到了纽约，在那里开始绘制地图；在苏荷街 Greene 设计了第一座具有纪念意义的城市雕塑（1985 年）。1989 年回到欧洲，她将自己的作品融入城市的公共主题，那就是巴黎的协和广场地铁站。

图 4.40　协和广场站　《一种文字》(一)　弗朗索瓦·沙因　1991

图 4.41　协和广场站　《一种文字》(二)　弗朗索瓦·沙因　1991

图 4.42　协和广场站 《一种文字》局部（三）　弗朗索瓦·沙因　1991

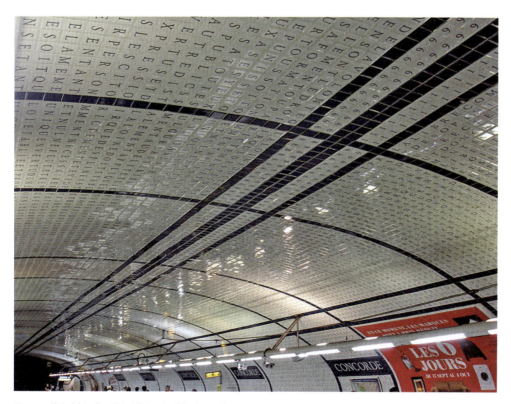

图 4.43　协和广场 《一种文字》（四）　弗朗索瓦·沙因　1991

弗朗索瓦·沙因说:"城市是最初的基本要素,可以从中形成行动。它控制和决定思想和行动,无论是政治、社会还是美学。正是在这个意义上,我选择了交通工具(地铁)和被遗忘的空间(贫民窟)来记录我的艺术作品,因为它们是由网络和链接构成的新世界的一部分。"

地铁站这些装饰正是体现了巴黎这座城市对文化与艺术的包容性。埃兹拉庞德著名的意象派诗歌《在地铁站》灵感就来自这个地铁站。地铁背后的文化气息经过了岁月积淀,历经了艺术家之手,焕发出了新鲜的活力。

相对于世界上的很多地方,巴黎地铁站并不算新潮,但其便利性和文化性却丝毫不逊色于其他国际大都市,因为巴黎人民的生活艺术,就是将艺术融入生活。

8. 工艺美术(Art et Métiers)站(11号线)

工艺美术站以旁边的国立工艺博物馆命名,是巴黎最奇特的地铁站之一。1994年,为纪念国立工艺博物馆建馆200周年,比利时漫画家弗朗索瓦·史奇顿以蒸汽朋克的风格重新设计了该地铁站台,将地铁设计成科幻式潜水艇模样。

图 4.44　协和广场站 《一种文字》的作者　弗朗索瓦·沙因

他在漫画艺术剧院布景设计以及比利时布鲁塞尔哈莱门车站的艺术改造方面的工作，使他被选中以航海为主题进行这个地铁改造项目。

这个主题灵感来源于法国著名作家贝涅·彼特的漫画《朦胧城市》，该作品也是全球建筑图画小说的经典之作。

该站设计的一个更独特的方面是它的模拟舷窗（图4.45）。11号线沿着轨道的每一侧延伸的是黄铜圆形窗户（图4.46），其中没有展示观众预期的水下场景或低海拔的视角，而是陈列了天文仪器、飞行器、想象未来世界的城市规划的比例模型（图4.47、图4.48）。工艺美术地铁站是有着天才般伟大构想的人类物质财富。令人遗憾的是，地铁污垢严重损坏了舷窗玻璃。

墙顶上的巨大齿轮，墙壁里的玻璃舷窗、地铁站牌，甚至垃圾桶都由特质的古铜色铁皮制成，整个地铁站上下俨然一体，让人恍然来到了儒勒·凡尔纳的科幻世界，如图4.49和4.50所示。

图4.45　工艺美术站地铁内的装饰舷窗

图 4.46　巴黎地铁工艺美术站内部的黄铜装饰

图 4.47　巴黎地铁工艺美术站　安装在穹顶上的齿轮和机械部件（一）

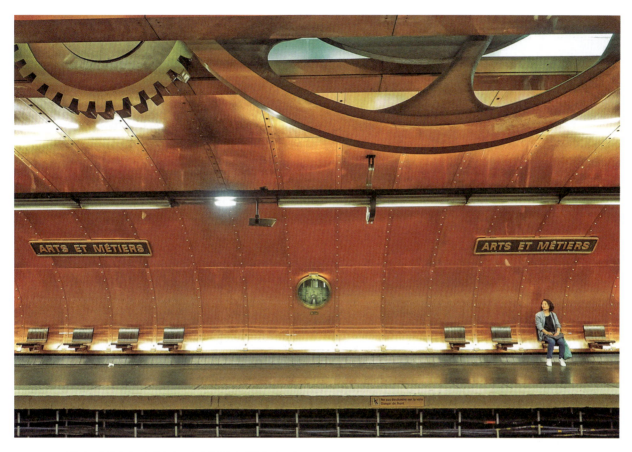

图 4.48 巴黎地铁工艺美术站 安装在穹顶上的齿轮和机械部件（二）

三、2000 年后的公共艺术

1. 王宫—卢浮宫（Palais Royal-Musée du Louvre）站（1 号线）

王宫—卢浮宫站是 1900 年 7 月 19 日 1 号线开放的八个原始车站之一，原名为皇家巴黎。该站在 1989 年，即卢浮宫博物馆新入口开放后不久就被赋予了现在的名称，以附近的王宫和卢浮宫命名。

为纪念巴黎地铁一百周年，地铁站的出口由让·米歇尔·奥托尼尔重新设计（图 4.51），并于 2000 年 10 月完成。让·米歇尔·奥托尼尔是一位对各种变形、升华和嬗变充满热情的艺术家，他喜欢具有可塑性的材料。新的地铁入口起名为《夜行者的亭子》。

奥托尼尔制作了一个波普风格的雕塑，由螺丝连接铝结构和有色玻璃珠构成两个圆顶。鲜艳夸张的色彩、怪诞的造型、明亮闪耀的材料，构成了这件出乎意外的作品。

2. 卢浮宫—里沃利（Louvre-Rivoli）站（1 号线）

卢浮宫—里沃利站是巴黎地铁 1 号线的车站，靠近卢浮宫和 Rue de Rivoli 街。卢浮宫地铁站是巴黎第一个做艺术品陈列的地铁站。该车站于 1900 年 8 月 13 日开通，距离 1900 年 7 月 19 日 1 号线的原始部分以卢浮宫的名义开始运行晚了近一个月。1989 年，在卢浮宫博物馆新入口开放后不久，它同时更名为卢浮宫—里沃利地铁站。2014 年 4 月，该站的月台进行翻新，于 2015 年年底重新装修完毕。

图 4.49 巴黎地铁工艺美术站

图 4.50 巴黎地铁工艺美术站月台

图 4.51　让·米歇尔·奥托尼尔重新设计的地铁入口

卢浮宫位于法国巴黎市中心的塞纳河边，原是法国的王宫，现是卢浮宫博物馆，常年展出的展品数量达 3.5 万件，包括雕塑、绘画、美术工艺及古代东方、古埃及和古希腊、古罗马 7 个门类，主要收藏 1860 年以前的艺术作品与考古文物。

1968 年开始，地铁卢浮宫—里沃利站就在月台定期更换卢浮博物馆的古代艺术复制品（图 4.52～图 4.54），让刚刚下了地铁的乘客忽略了过往的地铁列车，仿佛置身于悠久的历史博物馆里。目前，卢浮宫—里沃利站是巴黎地铁站人流量最大的站台之一。

此站的整体装饰风格模拟卢浮宫博物馆的装修风格，月台上定期展览卢浮宫艺术珍品的复制版，让人们提前领略到卢浮宫的艺术魅力。这个车站凸显艺术性，以文化底蕴为基础，辅以空间、色彩、建筑等设计，将文化精神传达于各种陈展细节中。

古代雕像的复制品、大理石墙壁、黑色座椅，营造出一种超乎寻常的优雅和温馨安静的氛围。这种注重体验度、生动有趣的地铁设计，使乘客沉浸于艺术的熏陶之中。

114　艺术走入地下——公共艺术与地铁

图 4.52　卢浮宫—里沃利站内的埃及雕像复制品

图 4.53　卢浮宫—里沃利站月台

图 4.54　卢浮宫—里沃利站内的《维纳斯》雕像复制品

巴黎地铁最大的特点不是它的庞大和便利,而是处处洋溢着的艺术气氛。很多地铁站虽然面积不大,甚至年代久远略显陈旧,却特色鲜明。这些站点大都依照邻近著名景点进行装修和装饰,让不懂法语的游客即便不看站牌也能够知道到了哪里。乘坐巴黎地铁,就像穿行在一个有着艺术装扮的历史长廊。

第 5 章 | 德国地铁及公共艺术设计

第一节　德国的文化和设计

德意志联邦共和国简称德国，位于欧洲中部，是一个高度发达的联邦议会共和制国家。德国是欧洲四大经济体之一，其社会保障制度完善，国民享有极高的生活水平。以汽车和精密机床为代表的高端制造业，是德国的重要象征。德国的主要工业部门有电子、航天、汽车、精密机械、装备制造、军工等，是西欧最大汽车生产国。

德国是现代设计运动的发起国之一，早在20世纪初，德国的设计先驱已经从建筑设计着手，从事现代设计的探索和试验，如图5.1所示。在纳粹取得政权之后，德国这批现代设计的先驱都基本移民到美国，在美国推动了现代设计的发展，造成了第二次世界大战结束以来国际主义设计的发展和兴盛。现代设计与德国是分不开的。

德国的工业企业一向以高质量的产品著称世界，德国产品代表优秀产品，德国的汽车、机械、仪器、消费产品等都具有非常高的品质。这种工业生产的水平，更加提高了德国设计的水平和影响。意大利汽车设计家乔治托·吉奥几亚罗为德国汽车公司设计汽车，德国生产的意大利设计师设计的汽车，却比同一个人在意大利设计的汽车要好得多，这显示出产品质量对于设计水平有促进作用。这些因素造成德国设计的基本特征：理性化、高质量、可靠、功能化、冷漠。

技术、经济与设计之间紧密的相互作用已被人们熟知，并在此基础上探索出了相关的设计方法。20世纪80年代，在德国也开始了关于"设计管理"的讨论，并认识到设计将对企业起着至关重要的作用。

图5.1　德国科隆市传统与现代结合的街景

第二节　德国的地铁交通

德国的轨道交通运输已有100年历史。最初德国地铁以城市高架铁路的形式出现，随着这种快速高效的有轨交通工具的推广，居民们对它造成的城市噪声污染越来越不满，于是开始转入地下，成为真正意义上的地铁。

德国的轨道交通运输包括5个地铁系统和13个城市高架铁路系统。上述的地铁即地下铁路，是指大多运行于地下的轨道交通系统，而城市高架铁路是指快速交通和通勤铁路，在城市中心与地下运行的铁路交接通往郊区。

德国的轨道交通由5个城市系统组成：柏林、法兰克福、汉堡、慕尼黑和纽伦堡；这些轨道交通都由各市的交通管理部门负责。

德国最早的轨道交通柏林地铁于1902年开始营运（图5.2），目前路网共有10线173站，其中139站位于地下，以柏林市区为中心点向外放射，总长度达146千米（90%轨道位于地下）。

图5.2　德国柏林早期的轨道交通

法兰克福地铁于1968年开通运营。目前，法兰克福地铁共有9条线路，87个车站，总长度达65千米，其中59%的地铁线路为地下线。日发送旅客达30万人次。

汉堡地铁是服务德国汉堡、诺德施泰特和阿伦斯堡等城市的地铁。虽然名为地铁，但大多数轨道在地面。它的网络和汉堡城市高架铁路相连接，其中也有地下部分。于1912年2月15日通车，有4条路线和91个车站，截至2012年路网总长为104千米。

慕尼黑轨道交通始于20世纪30年代。最初慕尼黑的公共交通主要以有轨电车为主，随着第二次世界大战战况越趋激烈而于1941年停工。二战期间电车系统受到严重破坏，而战后慕尼黑视重建电车系统为首要任务。但随着慕尼黑的路面交通在20世纪50年代逐渐恶化，市议会开始探讨将数条电车线地下化。市议会于1964年更改计划，决定兴建正式的地下铁路网络。

工程于1965年2月1日展开，随着慕尼黑于翌年成功申办1972年奥运会，当局加快了工程步伐以保证服务会场的地铁线可赶在奥运会开幕前通车。首条路线于1971年10月19日投入服务，行驶在松园站和歌德广场站之间约12千米的路段。慕尼黑自由广场站和奥林匹克中心站之间的路线则于1972年5

月8日通车。奥运期间当局从纽伦堡地铁借用列车以满足乘客流量的需求。歌德广场站至哈拉斯站的延线于1975年11月22日通车，当局随后逐步扩充地铁网络，如图5.3所示。

纽伦堡地铁全称是德国巴伐利亚纽伦堡地铁系统。目前纽伦堡地铁共有3条路线，长度为37.1千米，车站总数为48个。纽伦堡地铁于1967年开工，1972年开通第一条路线，1984年开通第二条路线，2008开通第三条路线。

"U-Bahn"这个词是在20世纪初，柏林的高架铁路公司认为地下轨道交通系统需要一个像S-Bahn（高架铁路）一样简短而令人难忘的名字，后来就将它称为U-Bahn（来自德语对地铁的全称"Untergrundbahn"，意为地下铁路；U代表Untergrund，德语意为"地下"）。后来汉堡的城市交通电车线路很快采用这个名字。随着第二次世界大战后重建，工业思维的恢复和发展奠定了坚实的物质和技术基础，联邦德国的经济进入了高速发展时期。由于汽车工业的发达，汽车交通导致地面交通拥堵现象日益严重，地面轨道交通慢慢成为交通障碍，因此促使众多大城市的议会计划更换地面电车轨道。纽伦堡和慕尼黑随后决定使用地铁取代现有的有轨电车。斯图加特、法兰克福、科隆、杜塞尔多夫等城市也为电车建造隧道、重建地下铁线路。

20世纪70年代的车站建筑设计特征比较符合包豪斯①运动的理念，偏向于功能化。之后在20世纪八九十年代建设的车站则更加电气化：曲线型、彩色护墙板、戏剧化灯光效果和有色玻璃。一号线U1的南端分支线1997年开始运行，通过色彩丰富的坎迪德广场站最终到达韦特施泰因广场站。其中途经的车站有圣屈林广场地铁站，这是一个拥有钢和玻璃结构的巨大贝壳型结构的出众的建筑。在后来的20年间，地铁线路拓展车站设施升级。慕尼黑的车站十分宽敞但是比较传统。审美效果大部分是靠着色彩和艺术品方面的应用，包括绘画和灯光以及其他视觉元素。慕尼黑站在U3线，是于2010年最新建成的车站，由当地艺术家马丁·芬勒创作的花的艺术作品为车站带来了新鲜和明亮的特质。在翻新站点的过程中也扩大了隧道，鲜明的颜色和光带突出了隧道和大厅的结构形态，如图5.4和图5.5所示。

---

① 包豪斯（Bauhaus,1919/4/1—1933/7），是德国魏玛市的"公立包豪斯学校"（StaatlichesBauhaus）的简称。包豪斯的创始人格罗皮乌斯在其青年时代就致力于德意志制造同盟。它的成立标志着现代设计教育的诞生，对世界现代设计的发展产生了深远的影响，包豪斯也是世界上第一所完全为发展现代设计教育而建立的学院。在设计理论上，包豪斯提出了三个基本观点：① 艺术与技术的新统一；② 设计的目的是功能而不是产品；③ 设计必须遵循自然与客观的法则。

图5.3　德国慕尼黑地下轨道通行隧道

第 5 章　德国地铁及公共艺术设计

图 5.4　德国纽伦堡地面轨道车站月台

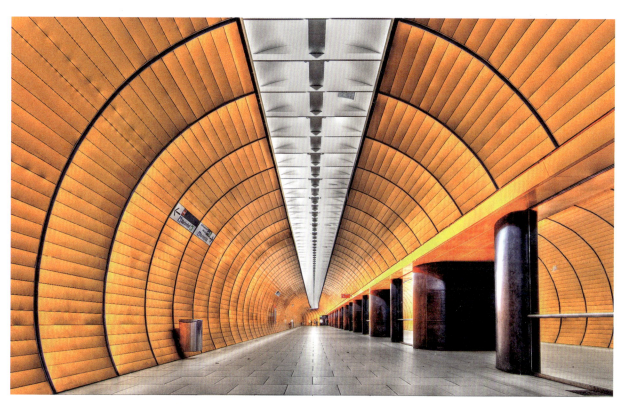

图 5.5　德国汉堡地铁通道

第三节　德国地铁的公共艺术

德国现代公共艺术要求设计师重视空间的合理规划、考虑自然资源的生态问题，并且重视公众群体在公共空间中的心理感受。德国设计师对细节品质也极为注重，他们令人称奇的解决方案往往能满足公众空间的多方面需求，使得他们的作品既是赏心悦目的艺术品，又能具有较强的实用性，这和德国发达的设计传统密不可分，如图 5.6 和图 5.7 所示。

德国设计简约严谨、重质量、重功能、重技术，去除任何不必要的和混乱的，将无序的世界变得有序。因此，德国设计造型功能上的简约美感成为其

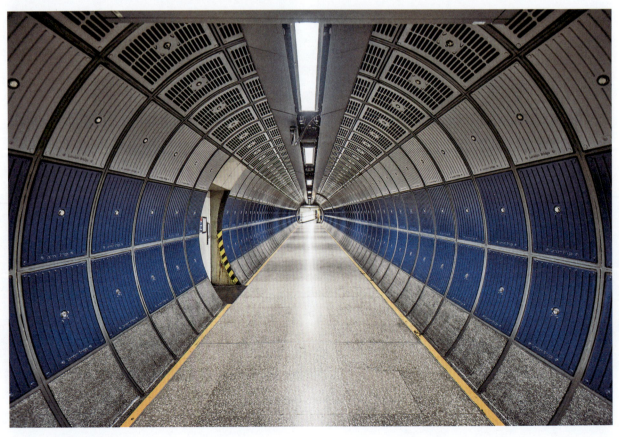

图 5.6　德国的地铁通道

显著特征。德国的设计可谓是品质和品位的双重代名词。

德国地铁的设计在体现卓越的功能性、注重材料和细节之外,还能给人带来全方位的艺术体验,如图 5.8 所示。在满足明亮、通透和空间开放等基本要求的同时,亦不忘通过公共艺术营造静谧舒适的环境氛围。虽然由于地铁空间的特殊性,一般都采用富于表现力的几何图形或动态形式,但他们的设计仍表现出强烈而鲜明的个性。德国地铁从不依赖固有的解决方案或拘泥于某一特定风格,每一个项目都是重新构思与设计的结果。

地铁公共艺术设计师们善于利用光线、色彩、材料对空间进行变换和塑造,以风格各异,或亲切或高冷,或神秘或清晰的形象融入于地铁空间之中。设计师从空间体验、方位、安全感和舒适性等多个角度满足乘客的基本需求,在建筑用材、光和材料的运用方面都表现出了超乎寻常的精湛技艺,无论是在入口、站厅还是站台,每每都能创造出令人意想不到的空间,如图 5.9 和图 5.10 所示。

图 5.7　包豪斯的教学楼

图 5.8　德国地铁站台上的地标

图 5.9 慕尼黑弗吕马宁站（Fröttmaning）壁画

图 5.10 慕尼黑哈登地铁站（Haderner）的站台公共艺术

一、慕尼黑地铁公共艺术

慕尼黑（München），是德国巴伐利亚州的首府，是德国南部第一大城市，全德国第三大城市（仅次于柏林和汉堡）；都会区人口达到 270 万。

慕尼黑位于德国南部阿尔卑斯山北麓的伊萨尔河畔，是德国主要的经济、文化、科技和交通中心之一，也是欧洲最繁荣的城市之一。慕尼黑同时又保留着原巴伐利亚王国都城的古朴风情，因此被人们称作"百万人的村庄"。

相对其人口而言，慕尼黑拥有世界上规模最大的市内公共交通系统之一，包括地铁、快铁、有轨电车和公共汽车，整个系统由慕尼黑公共交通集团和德铁区域运输公司联营。值得注意的是，慕尼黑地铁和轻轨系统的车站内部装潢各具特色，俨然成为一道景观。如地铁 3 号线途经西公园附近，其站内铁轨隧道墙体上大量敷设纵向一分为二的原木，提示乘客此处邻近公园；再如地铁 1 号线北部终点奥林匹克购物中心站是现代慕尼黑的标志之一，其站内铁轨隧道墙体上罗列大量金字塔形不锈钢装饰，以钢铁的力度和质感象征现代化步伐。

至今，慕尼黑地铁一共设有 8 条路线，100 个车站，营业里程 103 千米，如图 5.11 所示。

20 世纪中叶，慕尼黑市宣称的目标是将当代艺术视为市政建设项目的一部分，设定高达 2% 的建筑成本用于根据艺术指导实施艺术计划。在幼儿园、学校、市政行政大楼、文化建筑和地铁站的新建筑物中，在新的绿地，甚至运河建设中，艺术家都要参与其中。

自 1985 年以来，建筑和公共空间艺术委员会

图 5.11 慕尼黑韦特施泰因广场站

一直作为一个无偿自愿提供咨询的机构，该机构主要由各国艺术专家组成。这些专家为政府部门提供建议，并与文化办事处协调艺术相关事宜。此外，艺术委员会的理事会还包括主要政治团体的市议会成员、各自区委员会的主席，以及自由建筑师和建筑师。各自的规划者也是该委员会的投票成员。管理层位于建筑部门。

2001年，慕尼黑诞生了QUIVID——建筑艺术项目委员会。建筑部门委托柏林艺术家和策展人阿迪布·福里克为该城市的建筑项目寻找艺术化解决方案，主要通过展览和竞赛来确定与建筑更合适的艺术方案。

建筑艺术项目委员会标志着工作的一个新方向：除了建筑体系结构相关的作品，现在更多地专注于艺术的选择，以及更具有功能性和场所独特性的艺术装置和艺术品的使用。最终目标仍然是在公共建筑项目中实现高质量和创新的艺术。

慕尼黑地铁使用了创造性的技术解决方案，建造了最高标准的建筑。车站的公共艺术结合了建筑和工程，建筑师和设计师、艺术家密切合作，将建筑和环境中进行了和谐与对比之间的游戏。慕尼黑地铁运用了极具艺术感的结构元素和内部装饰，体现了工业风的简洁和实用。在U6延长线上的格罗斯哈登（Großhadern）站，成角度的铝条板将光线直接投射在像地质地层一样的墙面上，形成了一个光影的壁画。对于灯光的巧妙运用使得天花板增加了感性的美感，并且将光线平均投向站台的壁画上和中央支柱上。

在注重人的心理体验前提下，慕尼黑的地铁公共艺术能够恰到好处地与地铁环境融为一体，同时又进一步提升公共空间的品质，增强所在位置的枢纽功能。它从不过分张扬或追求轰动效果，却总能令人耳目一新，平庸和单调从不会出现在他们的词典里。慕尼黑地铁的设计师们完成了极具秩序感的公共艺术设计。

1. 玛利亚广场（Marienplatz）地铁站

1971年开通的玛利亚广场车站是慕尼黑地铁整个网络中最重要和最常用的地铁站。该站附近有商店和众多旅游景点，如圣母教堂、新市政厅和谷物市场的步行区。

该地铁站由德国著名的建筑设计师亚历山大·冯·布兰卡（1919—2011）设计。从1951年起，他在慕尼黑自己的建筑办公室工作。1953年，他担任慕尼黑德国交通展的艺术总监，并于1972—1988年担任慕尼黑的文化策展人。

作为1971年开通的唯一一家慕尼黑地铁站，它偏离了洞穴式的设计模式。地铁内部铺设了鲜明橙红色的瓷砖，搭配不同走向的黑色砖缝线，二者相互组合而成了一个流动结构体。水平及垂直方向同时采用圆弧从而确保了有机且富有动感的结构，创建了蜿蜒流畅的线条，形成了强烈的节奏感和韵律感。站厅的地板在2012—2015年期间经过全面翻新和重新设计，如图5.12～图5.16所示。

地铁通道的墙板采用橙色瓷砖，低洼站台与其他站区的墙壁采用深灰色的瓷砖，入口处为深蓝色瓷砖。商店的位置被移到边缘，以便在楼层的中间有一个清晰的开放空间。英格·摩尔为地铁设计了照明概念，采用红色大块天花面板和LED照明，形成一种全新的特色外观。

图 5.12　德国玛利亚广场地铁站月台（一）
图 5.13　德国玛利亚广场地铁站月台（二）
图 5.14　德国玛利亚广场地铁站通道

图 5.15 玛利亚广场地铁站电梯

图 5.16 玛利亚广场地铁站的站厅

2. 特蕾西娅草坪（Theresienwiese）地铁站

1984年开通的特蕾西娅草坪（Theresienwiese）地铁站是建筑师亚历山大·冯·布兰卡设计的另一个地铁站。在地铁站附近的啤酒节广场每年举行慕尼黑啤酒节聚会，人流高度集中聚集是本地铁站最挑战的地方，如图5.17～图5.19所示。

地铁站台内部瓷砖使用了慕尼黑市标颜色——黑色和黄色为主要颜色，采用类似啤酒桶的贴砖设计，从墙壁至圆形穹顶，线条排列规则而有序。以简单到极致为追求，作为一种设计风格，感官上简约整洁，品味和思想上更为优雅。

瓷砖墙壁上镶嵌了八个以啤酒节及其游乐设施景点为主题的壁画，以此应对地铁站主体结构本身没有提到当地啤酒节文化符号的问题。整体而言，该站极简的风格，让地铁空间都充满了线条感。

图5.17 啤酒节地铁站月台（一）
图5.18 啤酒节地铁站月台（二）
图5.19 啤酒节地铁站月台（三）

3. 格罗斯哈登（Großhadern）地铁站（U6）

1993年开通的格罗斯哈登地铁站由布劳恩和赫恩伯格（Braun & Hesselberger）建筑公司设计，壁画由约翰内斯·克林格（1951—）设计，如图5.20～图5.23所示。

约翰内斯·克林格早前曾钻研古代绘画修复，并通过实验扩展技法。他使用这些混合技术进行瓷板绘画，尤其是壁画。1985—1988年间，他开发了用于室内设计的釉料、腻子和涂料技术。20世纪90年代，他为地铁墙壁绘画开发了全面新颖的概念。

这个长而完全平直的站台由一系列圆形支柱支撑，包裹着黄色金属板，让人联想到慕尼黑中央车站的支柱。在此圆形支柱之上，安装了一个巨大的散光板，形成的曲面在天花板灯光的下方。巨大的反光宽铝板由侧面像飞翔的羽翼，间接地照亮了站台。

轨道区域上方的墙壁和天花板装饰着约翰内斯·克林格的壁画，壁画用艺术化的手段显示了地铁站所在的不同地质地貌，表现了在许多地层中岩石与周围土壤的关系。壁画的用色以浅灰为主，配以浅米色的纹理，有水墨般清爽雅致的效果。

站台表面以及入口区域采用轻质花岗岩布局，使车站非常高贵典雅。黄色柱子和辐射天花板散光板相结合，设计者成功地创建了最具设计感的地铁站之一。

图5.20 格罗斯哈登地铁站中间层电梯

图 5.21 格罗斯哈登地铁站月台铝质散光板装置（一）

图 5.22 格罗斯哈登地铁站月台

图 5.23 格罗斯哈登地铁站月台铝质散光板装置（二）

4. 哈特畔（Am Hart）地铁站

1993年开通的哈特畔地铁站是希尔姆和萨特勒建筑事务所[①]与慕尼黑市地铁部门合作完成的。照明概念由沃纳·拉普尔[②]提供。

该站台采用白色铝板构成宏伟的天花板结构，吸收两个光带的光线并反射回站台。天花板的构成像鸟的翅膀一样，在站台上空跨越整个站台长度，如图5.24所示。

墙壁采用蓝色马赛克瓷砖包覆，纵向为三角形不锈钢带。U2线路的鲜红色线条令人印象深刻地融入了车站的设计中，鲜明的色彩对比成为不可或缺的点缀，如图5.25所示。

[①] 希尔姆和萨特勒建筑事务所（Hilmer Sattler Architekten 建筑工作室）由 Heinz Hilmer 和 Christoph Sattler 创建于1974年。主要从事博物馆、酒店、办公楼以及住宅等类型建筑的设计及改造。其风格略带古典主义的倾向，简洁的体型、很少的装饰和严谨的比例创造出一种严肃的秩序美感。

[②] 沃纳·拉普尔（Werner Lampl）是人工照明技术、日光技术、照明控制系统和创新照明技术等项目专家。

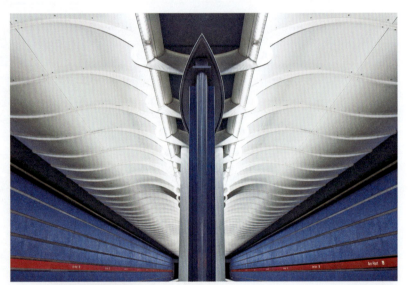

图 5.24　哈特畔地铁站月台灯光装置
图 5.25　哈特畔地铁站月台红白蓝的配色

5. 杜夫大街（Dülferstraße）地铁站

1993年开通的杜夫大街地铁站位于慕尼黑哈森伯格区，在U2线的北端，如图5.26所示。它由建筑师彼得·兰兹[①]和尤尔根与慕尼黑市地铁部门合作设计。地铁站台壁画设计由女艺术家里卡达·迪茨完成。

玻璃板以金属条为框架，它们镶嵌在金属条的后面，并在其上附有站台名称的线带标志。

里卡达·迪茨（Ricarda Dietz，1939年出生在慕尼黑）是德国艺术家。她专门从事门面设计和天顶绘画，她的作品装饰了很多教堂。这位在慕尼黑生活和工作的艺术家参与设计了七个慕尼黑地铁站的壁画装饰。里卡达·迪茨因其在公共场所的艺术成就而获得慕尼黑睡莲奖。此外，她还为建筑提供整体的室内概念设计，并参与书籍插图和书籍封面的设计。

杜夫大街这个地铁站台大厅和其他地铁站不太一样，它的挑高高达7.2米。壁画玻璃面板上方开始有一个明亮的曲面天花板，并向上延伸成圆形顶棚，这有助地铁站形成宽敞明亮的内部空间。在东、南两侧站台区域，艺术家在轨道墙的下面安置了有节奏排列的彩色玻璃板壁画，涂有不同颜色的彩虹色，如图5.27和图5.28所示。

[①] 彼得·兰兹（Peter Lanz，1930年出生于柏林）是德国建筑师，慕尼黑城市设计委员会董事会成员。

图5.26　杜夫大街地铁站月台（一）

图5.27　杜夫大街地铁站月台（二）

图5.28　杜夫大街地铁站铁轨侧墙壁画

6. 圣屈林广场（St Quirin Platz）地铁站

圣屈林广场地铁站是一个建筑风格独特的地铁站，如图5.29和图5.30所示。该站于1997年11月8日开放，作为U1线扩建的一部分。由于附近有一个残疾人设施，该车站是唯一配备两个电梯的车站。

圣屈林广场地铁站是一个不寻常的车站，因为在地面上它的外貌是一个精心制作凸起的贝壳形玻璃结构屋顶，像一个睁开的大"眼睛"朝向绿色的草地和蓝色的天空。这个贝壳玻璃屋顶的规划来自保罗·卡莫和曼弗莱德·罗西沃·竭斯珀森建筑工作室[1]，并由乌尔里希·埃尔希[2]制作玻璃屋顶结构。室内设计概念由慕尼黑赫尔曼·奥特尔公司[3]设计，如图5.31所示。

站台上方横跨车站的玻璃结构对工程师来说是一个巨大的挑战，他们尽可能在降低经济成本的同时满足建筑设计的美学要求。除了地面站厅的部分外，它还横跨位于中央的地面售票大厅，固定楼梯以及电梯向下通向站台。

站台墙面由粗糙的并且未经处理的钻孔桩组成，如图5.32和图5.33所示，在那里人们还可以看到地形水平的后锚和由于混凝土中的红色变色而切割的碎石填料。站台天花板安装了反射铝板，以便产生丰富的空间效果。

---

[1] Paul Kramer 和 Manfred Rossiwal-Jespersen 建筑工作室是德国的建筑设计公司。

[2] 乌尔里希·埃尔希（UlrichElsner），德国建筑工程师。

[3] 慕尼黑赫尔曼·奥特尔公司（Hermann+Öttl），德国建筑设计公司。

图5.29 圣屈林广场地铁站玻璃建筑侧面

图5.30 圣屈林广场地铁地面玻璃建筑侧面

图 5.31　圣屈林广场地铁站横跨月台的玻璃穹顶使得站内有充足的光照

图 5.32 圣屈林广场站透过玻璃幕墙可以看到外面公园的景色

图 5.33 圣屈林广场地铁月台内部玻璃幕墙与钻孔桩

7. 坎迪德广场（Candidplatz）站

坎迪德广场站是 1997 年开通的地铁站，位于慕尼黑地铁系统的 U1 线上。该车站以佛兰芒风格派代表画家彼得·坎迪德命名。

彼得·坎迪德（PeterCandid，约 1548—1628），是佛兰芒出生的风格派画家、挂毯设计师和制图员（图 5.34），活跃于意大利和巴伐利亚。他是佛罗伦萨宫廷和杜克·威廉五世及其继承人马克西·米利安一世的巴伐利亚宫廷艺术家。他于 1586 年在慕尼黑工作，为慕尼黑皇宫制作了著名的艺术品。

地铁公司委托伊贡·康拉德建筑公司寻找有创造性的设计方案，以解决在该站建设期间出现的障碍。车站位于慕尼黑繁忙的一个叫做坎迪德桥的地方，月台需要额外的加固，这就是为什么车站有一个折板型天花板。

1993—1997 年，年仅 28 岁的项目建筑师和艺术家萨宾恩·科西耶（1965—）和保罗·克莱默为地铁月台进行了全部的色彩设计，由埃贡·康拉德执行计划。科西耶被要求方案需抵消地下建筑的封闭性和紧张感，所以她决定通过采用明快的色彩来赋予车站生命。使用自然界彩虹的图像并根据它们的基本色彩成像规律进行排列。然后将色彩的边界模糊到一定程度，以至于它们呈现出一种绘画般的外观。地铁内部创作为自然色调起到了提升和舒缓的作用，并柔化几何设计的硬度。

在这四年中，科西耶对色彩理论和照明设计都进行了特别研究和设计，包括月台区域和入口大厅的照明配色方案，以及照明物体、轨道旁边墙面和大厅中央柱子包层的设计。位于站台中央柱子本来遮挡视线，但是上面覆盖了玻璃，设置了与墙壁相匹配的颜色，从而成为一体化车站设计的不可分割部分。

坎迪德广场站以流动和富于动感的形式为主要特征，外观感性而迷人，体现出一种独树一帜的鲜明风格，同时在色彩的运用上以出其不意的大胆方式营造出地铁空间设计的创新之举。其内部空间也给人以强烈的色彩感，使得本来具有紧张压迫感的地下空间变得愉悦和新鲜，因此，它被人称作慕尼黑的"地下彩虹"。坎迪德广场地铁站成为德国乃至欧洲最具吸引力的地下空间之一，如图 5.35～图 5.41 所示。

图 5.34　彼得·坎迪德的油画作品《虚伪的预言》

图 5.35 坎迪德广场站彩虹站台色彩设计（一）

图 5.36 坎迪德广场站彩虹站台色彩设计（二）

图 5.37　坎迪德广场站彩虹站台色彩设计（三）
图 5.38　坎迪德广场站彩虹站台设计（一）
图 5.39　坎迪德广场站彩虹站台设计（二）

图 5.40　坎迪德广场站月台

图 5.41　坎迪德广场站彩虹站台彩色柱子用玻璃包裹

8. 西部陵园（Westfrinedhof）地铁站

西部陵园站位于慕尼黑地铁系统的 U1 线上，于 1998 年 5 月 24 日开通。它由奥尔 + 韦伯建筑事务所[①]和市政部门策划，艺术概念由英格·摩尔及其团队制作。

粗糙的墙壁来自经过微处理的铣槽壁，是开工之初挖掘隧道的痕迹，如图 5.42 所示。设计师们最初的计划是在这个粗糙墙壁前安装一层亚光玻璃，但是这个粗糙质感的原墙面结构完全吸引了建筑师，因此他们决定让它保持原样。然而，2003 年，不得不在墙体表面安装一层钢网作为支撑，否则列车频繁行驶带来的日复一日的冲击会使得墙体上的岩石颗粒松动，并从墙上一块块地剥落。

英格·摩尔制作了 11 个直径为 3.80 米的巨型圆顶灯具，以蓝色、红色和黄色灯罩照射站台，从而将站台构造成不同颜色的阴影。墙壁和天花板都是蓝色的灯光，为车站提供了洞穴的特色，而站台本身则相当明亮。尽管使用的是聚光灯，但没有出现黑暗的角落。站台上方巨大的灯罩就像孵化器中的超大型加热灯一样，将站台提升成为舞台的感觉并将乘客浸入温暖的灯光中。等候的乘客不会感到强烈光照的直射，而是有一种温暖的保护感，如图 5.42～图 5.44 所示。

---

① 奥尔 + 韦伯（Auer-Weber）是一家德国建筑公司，公司总部设在斯图加特和慕尼黑，创立于 1980 年，创始人是弗里茨·奥尔（生于 1933 年 6 月 24 日）以及卡洛·韦伯（生于 1934 年 4 月 6 日）。

图 5.42 西部陵园地铁站粗糙的铣槽壁

142　艺术走入地下——公共艺术与地铁

图 5.43　西部陵园地铁站巨大灯光装置

图 5.44　西部陵园地铁站灯光装置内部由四组灯管组成

英格·摩尔（Ingo Maurer）（1932—）是德国工业设计师，专门从事灯具的设计。除了用于批量生产的灯具设计外，英格·摩尔还为公共或私人空间设计灯具安装。

在慕尼黑，他创作了辉煌的"地铁三部曲"，包括：1995年在西部陵园地铁站创建的灯光装置；2008年12月对弗赖海特地铁站的翻新和照明设计；2012年玛利亚广场地铁站的灯光改造设计。

西部陵园车站取得的最主要成就是将一个单调乏味的交通枢纽创造成了一个拥有迷人特点，氛围宜人的公共场所。与许多其他通常会让乘客感到压抑和不舒服的地下通道不同，这是一个传达着愉悦情感的地方，候车者烦躁急切的心情在这里被站台内部静谧的空间安抚。如果单说站台建筑本身，它也许并不是最优秀的，但放入这样一组灯光装置，车站空间就得到了升华，奠定了乘客的情感基调，车站本身的空间表达自然能够更上一个层次。时至今日，游客和当地人都将其视为慕尼黑最具吸引力的地铁站之一，是慕尼黑的城市名片。

在2008年，英格·摩尔主持了弗赖海特车站改造计划，如图5.45所示。慕尼黑公用事业部和建筑部门都认同与照明设计师的成功合作。他们表示"1995年，我们邀请英格·摩尔为西部陵园地铁站做了一个灯光设计。那次是非常成功的合作。"德国建筑师协会也对此认同。这次成功带来了弗赖海特车站新项目。英格·摩尔重新设计刻板的现代主义风格的车站，创建了一个新的光和材料的设计。由此可见，出色的灯光设计一定能更好地烘托建筑的情感，成功的公共艺术作品也必定能大大加强公共空间想要表达的情感，公共场所中的人的心理感受和审美体验都会提升。

图5.45　英格·摩尔主持的弗赖海特车站改造

9. 戈恩（Gern）地铁站（U1，U7）

戈恩地铁站由克劳斯和福斯特建筑事务所[①]和慕尼黑市地铁公司设计，于1998年开通。地铁站位于戈恩区中部一个安静的住宅区内，该区域是在1892年作为别墅区进行规划和开发的。

站台两侧的墙壁由涂成蓝色的外露混凝土组成，上面附着一层磨砂玻璃板。玻璃板上绘有关于这个地区历史的文字和图像，由迈克尔·齐默尔曼（Michael Zimmermann）公司组装，如图5.46所示。站台的地板衬有浅色花岗岩，整个车站空间用色典雅宁静。

科隆照明公司的九个漏斗形的灯罩被装配到天花板和器械层之间的夹层空间，漏斗形灯具的设计给人一种自然光的印象，如图5.47所示。人们可以通过站台上方未使用的夹层空间进入，例如，可以更换坏掉的灯管，如图5.48和图5.49所示。

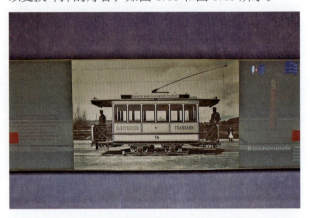

图5.46　戈恩地铁站铁轨侧的图像和文字

[①]　克劳斯和福斯特（Claus+Forster）建筑事务所是德国慕尼黑的建筑设计公司。

图5.47　慕尼黑戈恩地铁站月台天花板上漏斗形的灯罩

第 5 章 德国地铁及公共艺术设计

图 5.48　戈恩地铁站月台

图 5.49　夹层空间的灯光设备结构

10. 展览中心西（Messestadt West）地铁站（U2）

展览中心西地铁站由建筑部门、地铁建设部门与拜斯脱等四家公司合作策划，于1999年开通。

这个地铁的开放式设计使得当初在建设时一直是处于露天挖掘的状态。现在，威利勃兰特的大道在它的上方通行，其中间是地下车站的九个圆形天窗。通过东部站台上方的咖啡馆地面上开凿的这九个天窗，大量的日光便可直接照射到地下的站台里面。

整个站台的设计受到"成品外壳"概念的强烈影响，站台墙仅采用渐变的红色调装饰，并露出混凝土的结构。天花板就保留裸露的混凝土原貌，两条灯带从下穿行而过，如图5.50～图5.53所示。

图5.50　展览中心西地铁站裸露的混凝土涂装成红褐色　站名直接印在墙面上

图5.51　展览中心西地铁站月台

图 5.52　展览中心西地铁站的圆形天井

图 5.53　展览中心西地铁站月台

11. 格奥尔格·布劳赫勒环路（Georg Brauchle ring）地铁站（U1，U7）

2003年10月18日，地铁格奥尔格·布劳赫勒环路站与弗朗茨·阿克曼大型壁画《伟大的旅程》开幕了。该站的落成标志着新一代地铁站的开始，也标志着当代艺术将在公共空间发挥更加重要的作用。

该站是以慕尼黑前市长格奥尔格·布劳赫勒（1915—1968）的名字命名的。他曾经积极参与二战后期的城市重建和发展规划。为了纪念他对城市发展的贡献，设计师还在寄存区的地面上镌刻了他的名字和生卒年月。

此外，地铁建设部门与建筑师布克哈德·谢弗合作。地铁站光线明亮清澈，拥有7.50米高的无柱列车站台，如图5.54所示。

站台两侧轨道墙的设计留给了艺术家弗朗兹·阿克曼。他曾在慕尼黑和汉堡艺术学院学习，现在在卡尔斯鲁厄的ZKM[①]任教授，并在许多国际艺术展览参展。他的设计因广阔的图像和宏大的装置而闻名。他经常探讨的内容是人们的欲望和愿望，以及这些欲望是如何被广告和文化产业影响和塑造的。

西方世界倡导的旅游业成为最有效的赚钱方式，就像1977年英国朋克乐队Sex Pistols[②]在他们的歌曲《天佑女王》（God Save the Queen）

[①] 即卡尔斯鲁厄艺术与媒体中心，成立于1989年，其使命是将古典艺术延续到数字时代，被称为"电子或数字包豪斯"。

[②] Sex Pistols "性手枪"是英国最有影响的朋克摇滚乐队之一，他们著名的"这里没有未来"几乎成为所有朋克的口号，开创了摇滚乐史上一场朋克革命。

图5.54 格奥尔格·布劳赫勒环路地铁站月台

中演唱了"游客就是金钱"。20年后，弗朗茨·阿克曼承担了展示这个城市生活的工作，生存状态成为他的艺术主题，并从中揭示旅行如何变成殖民主义。

他为这个地铁作品命名为《伟大的旅程》，作品展示了很多矩形画面，其中的图像有来自地铁站附近不同区域的，也有来自世界各地的，其中包括柏林和纽约等知名的旅游景点，如图5.55和图5.56所示。在这些画面之间，排列着规律的纯色的矩形，这些五颜六色壁面的单元型都是统一的长宽比2:1形状。

地铁站附近连接着如慕尼黑奥林匹克公园等许多重要的历史与当代地标。作品巧妙利用地铁车辆移动的速度，带领着乘客通过站台，感受轨道两侧如同音乐般的跳动色块所产生的奇异视觉流动体验；在这些色块之间艺术家还安置了站体上方城市的过去和当下的图片影像，使乘客透过地铁车厢的窗景框就会看到一片都市意象。从艺术家试图借以呈现移动旅行中、消费社会所带来的种种光怪陆离的异化生活，揭示出人类已经逐步成为"精神的流浪者"，并对自己的生存目的和意义感到困惑和茫然。

明亮的空间结构由轻型地板支撑，并且在两个站台的墙面中也是如此。整体印象效果十分友好，与当时普遍流行的现代主义工业风的车站有着明显不同。在开幕当天，《慕尼黑晚报》称誉该站为"慕尼黑地区最美丽的地铁站"。

与早期的车站相比，地铁中暴露结构的设计是不寻常的，因此经常在天顶安装吊顶。然而，格奥尔格·布劳赫勒环路站在站台中间地带安装了由抛光不锈钢制成的反光天花板，而两侧墙面直接连到天花板，这使得站内空间看起来更高。

这个地铁站标志着一系列新型QUIVID①的车站产生，这使得慕尼黑在国际MFI建筑设计竞赛中得了第一。

---
① 即慕尼黑建筑艺术项目委员会

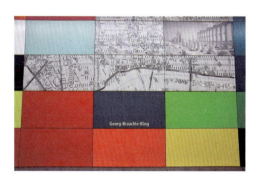

图5.55　格奥尔格·布劳赫勒环路地铁站月台

图5.56　格奥尔格·布劳赫勒地铁站的《伟大的旅程》局部

12. 加兴（Garching）地铁站

加兴地铁站位于慕尼黑邻近城市的中心，由慕尼黑市建设部地铁建设部门代表规划。经过几十年艰苦的铁路公共交通连接战斗，加兴地铁站终于在 2006 年开通。

该站有两个地铁站和人行通道，位于地面下方约 17 米处。由于没有设计售票站厅，售票机直接位于站台层面，这对于慕尼黑地铁来说是相当不寻常的，如图 5.57 所示。车站标识的排版也很不寻常：在 2006 年的加兴地铁站设计中，Garching 中的"A"设计为不规则字体，如图 5.58 所示。

与慕尼黑其他车站理性冷峻的工业风格不同，加兴地铁站的色彩更具亲和力、接近于温暖的梦幻色。白色、粉红色和粉绿色在车站设计中占主导地位，墙壁装饰着加兴当地艺术家的画作。作品由艺术竞赛评选而出，尤根·皮克勒（Jürgen Pichler）、利斯洛蒂（Lieselotte）和拉尔夫·汉李德（Ralf Hanrieder）三位艺术家赢得在站台展示作品的机会。在带有明亮色彩的墙壁面板之间，每个站台隧道中都可以找到三个绘画面板。两者之间的镜面放松了站台的设计，创造了更广阔的视野，如图 5.59 和图 5.60 所示。

沿着西出口的下部自动扶梯，有一个展览展示区域，加兴的展览机构经常在此举办各种展览。

图 5.57 加兴地铁站月台（一）

第 5 章　德国地铁及公共艺术设计

图 5.58　加兴地铁站独特的车站标识

图 5.59　加兴地铁站月台上的自动售票机

图 5.60　加兴地铁站月台（二）

13. 上草地（Oberwiesenfeld）站

上草地站于 2007 年开通，位于 U3 线北部的奥林匹克公园区域。从此站步行即可以抵达宝马总部大厦、宝马世界和宝马博物馆。

地铁站台内南侧形象设计由鲁道夫·赫兹（Ruddf Herz）与汉斯·德令（Hans Döring）合作完成，如图 5.61 所示。精美的几何图案暗示了一个迷宫的图案。但是迷宫被拉伸成为长长的抽象图形，如果你从正面看它，除了看似无序的黑白交叉和纵横什么也看不见。只有从侧面看时，例如从自动扶梯侧，才能形成黑白迷宫。对面的北墙在明亮的橙色中，与南墙的黑白图像形成了强烈的对比效果，如图 5.61 和图 5.62 所示。

北墙上覆盖着橙色面板，遵循了奥林匹克线的橙色。

图 5.61　上草地站月台　右侧面可以看出迷宫的图案

图 5.62　上草地站南墙的壁画

14. 奥林匹克购物中心（Olympiazentrum）地铁站

2007年开通的奥林匹克购物中心地铁站位于U3与U1换乘点上。U3的站台位于U1的下方。该站的名字来自同名的购物中心，它直接通往该购物中心。"OEZ"[①]就像奥林匹克繁荣时期开发的许多建筑物一样都以此为名，如图5.63和图5.64所示。

铁轨侧墙壁设有金字塔形不锈钢元件，可它们的光线。天花板上安装有半月形的椭圆形支架，站台照明灯安装在支架上。上面是蓝色的彩绘以及照明的墙壁和天花板。总体规划由建筑部门的保罗·克拉默[②]和奥托·沃格尔[③]负责，与贝茨建筑工作室[④]合作，后者也负责U1车站的室内设计。

---
① 即指奥林匹克购物中心地铁站，U-Bahnhof Olympia-Einkaufszentrum的缩写。
② 保罗·克拉默（Paul Kramer），德国慕尼黑建筑师。
③ 奥托·沃格尔（Heinrich Otto Vogel，1898年5月20日—1994年9月15日，出生于特里尔）是一名建筑师。
④ 贝茨建筑工作室（Betz Architekten Planungsgesellschaft）是一家德国建筑事务所。它由建筑师Walther和Bea Betz经营，在慕尼黑（1957）、维尔茨堡（1965）和柏林（1988）设有办事处。

在站台上面的售票厅，在QUIVID[⑤]的资助下，艺术家奥拉夫·梅策尔创造了"先向右，再向左，然后一直向前"的装置。四个圆形柱子构成了大厅的结构重点，梅策尔将其作为雕塑的"基础"。三条叠加的护栏带围绕柱子，长度为30米，高度约为3米。

---
⑤ 即慕尼黑建筑艺术项目委员会。

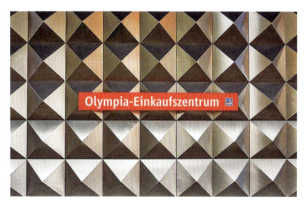

图5.63 奥林匹克购物中心站的金字塔形不锈钢元件的墙面装饰

图5.64 椭圆形灯光装置

15. 莫萨赫·圣马丁广场（Moosacher St.-Martin-Platz）地铁站

莫萨赫·圣马丁广场是慕尼黑最亮的地铁站之一，该站于2010年竣工，是最新地下网络站点。车站是无柱式设计，内部空间完全开放可见，19米长的天窗提供充足的日光。日光通过一个19米长的天花板缝隙照射到站台，天花板上还装饰着优雅透明的玻璃吊灯，确保车站内的光线充足，如图5.65所示。

日本艺术家Masayuki Akiyoshi的壁画《图像森林》装饰站台两侧，如图5.66所示。120米长的墙壁相册覆盖着76 200张艺术家的摄影照片，这些单张图片均在莫萨赫拍摄。这些照片的对象是建筑、基础设施和植物等城市景象。作者曾以此作品获得艺术比赛的大奖。这些照片按照拍摄时间在墙面顺序排列，这就是为什么图像按照顺序产生季节性颜色序列；另外，还可以根据照片所描绘的色彩性质查看年度周期。

图5.65 莫萨赫·圣马丁广场地铁站明亮的站台
图5.66 《图像森林》的局部

二、汉堡市地铁公共艺术

汉堡（Hamburg）是位于德国北部的一个港口城市，是仅次于柏林的德国第二大城市，欧盟第八大城市。汉堡及其周围城镇共有 274 万人口，而汉堡大城市群则有 500 万人口。

汉堡港位于易北河出海口，是德国最大的港口，欧洲第二大港口，也是世界上第 20 大港口。因为有汉堡机场和众多轨道交通，汉堡也是欧洲物流的最重要的枢纽之一。汉堡经济主要为高科技经济，同时作为一个媒体中心，其拥有发达的文化产业。

汉堡拥有多座大型博物馆和美术馆。乐值得一提的是，仝球最大的铁路模型博物馆微缩景观世界，位于一处曾经的仓库中，拥有总长度 15.4 千米铁路。汉堡交通十分发达，市内河道纵横，有 1 500 多座桥梁。主要河道的河底有隧道相通，有世界上最长的城市地下隧道。

汉堡地铁服务于德国汉堡、诺德施泰特和阿伦斯堡等城市的交通。虽然名为地铁，不过系统大多数的轨道是在地面。其网络和汉堡 S-Bahn 相互连接，其中也有地下部分。于 1912 年 2 月 15 日通车，有 4 条路线和 91 个车站，截至 2012 年路网总长为 104 千米。

1. 梅斯贝格（Meßberg）地铁站

梅斯贝格地铁站位于汉堡市的中心，它在地铁 U1 线上，地处老城区。1894 年 3 月，汉堡的第一条电动有轨电车就在梅斯贝格停靠。1960 年梅斯贝格地铁站开通。

地铁站的色调被设计成黄色——黄色的墙壁、黄色的柱子和天花板。地铁内装饰有马赛克的抽象壁画。德文"梅斯贝格"的意思是"粪堆"，以前这个区域是汉堡市民堆放垃圾的地方。铁轨侧的壁画黄褐的凸起造型也显示了德国人的幽默，如图 5.67～图 5.69 所示。

图 5.67　梅斯贝格地铁站瓷砖的抽象造型

图 5.68　梅斯贝格地铁站月台柱子

图 5.69　梅斯贝格地铁站月台

2. 港口新城大学（HafenCity—Universität）地铁站

港口新城大学地铁站于 2012 年开通，位于快轨交通 U4 线，如图 5.84 所示。

该车站由总部位于慕尼黑的劳帕赫建筑公司[①]设计，这个车站邻近海港，在车站的入口和楼梯处可以听到海鸥的尖叫声。设计参考了港口城市典型的变化颜色，这里有码头建筑的红砖以及船体的铁和钢反射的视觉效果。

港口新城大学地铁站内部空间通过悬挂在平台上方灯箱中的 280 个彩色 LED 来实现不断变换颜色，有时是红色，有时是蓝色、绿色或橙色。照明的色彩会反映情绪，有时甚至适应当前的天气。LED 灯箱不仅是照明设备还是一个音乐播放器。上午 10 点到下午 6 点之间的每个小时，巴赫、威尔第或勃拉姆斯的音乐都会在彩色灯光表演中播放，如图 5.70～图 5.75 所示。

---

① 劳帕赫建筑公司（Raupach Architekten）主要设计并实施了当代建筑。公司还准备可行性研究，并定期参与城市规划和建筑竞赛。

图 5.70 港口新城大学地铁站（一）

图 5.71 港口新城大学地铁站（二）

图 5.72 港口新城大学地铁站灯光装置 随音乐变换色彩

图 5.73 港口新城大学地铁站月台（一）
图 5.74 港口新城大学地铁站月台（二）
图 5.75 港口新城大学地铁站月台（三）

3. 乌贝塞克（Überseequartier）地铁站

乌贝塞克地铁站是汉堡地铁 U4 线的车站。该站在 2012 年 11 月开通，位于汉堡的港口新城区。

该站由达姆施塔特的网络架构建筑工作室[①]设计，项目获得 2014 年 BDA 汉堡建筑奖。站厅的墙壁采用蓝色陶瓷涂层玻璃砖包裹，越往下颜色越深，让人联想到海底世界。天花板上的银色板给人以水面的印象。这个水下主题与地铁所在区域毗邻海港的地域特征呼应，如图 5.76～图 5.79 所示。

台厅位于蓝色的海洋中间，在海的深处；在它上面是明亮的，像在随风荡漾的水面。墙壁由深蓝色向上变亮，在上部区域光线反射，一直移动到天花板，使得房间的边缘在视觉上消失。

站台宽敞而友好，营造出漂浮在海中的感觉，乘客顺着电梯下降到宽敞的月台，像步入阳光明媚的水面下。具有各种视觉关系和水平结构的金属墙板，蓝色调变得更亮、更活泼。

此外，车站内还安装了音响装置增强了水下印象，扬声器播放水下声音，如波浪和其他海洋噪声，视听两种感官强化着车站空间的水下印象。

[①] 达姆施塔特的网络架构建筑工作室（Netzwerkarchitekten），德国杜塞尔多夫多个地铁站也是他们的作品。该工作室为 5 号线大阳坊地铁站（北苑北站）设计的方案在 2002/03 年度北京市奥运会地铁站建筑设计竞赛中获得一等奖。遗憾的是后来在没有设计方面参与的情况下完成了施工，设计的优化以及设计理念的必要细节没有得以实现。然而，根据其设计方法营造出的车站空间仍然令人兴奋。

图 5.76　乌贝塞克地铁站

第 5 章 德国地铁及公共艺术设计

图 5.77 乌贝塞克地铁站的自动扶梯（一）

图 5.78 乌贝塞克地铁站月台的银色天花板

图 5.79 乌贝塞克地铁站的自动扶梯（二）

三、杜塞尔多夫地铁公共艺术

杜塞尔多夫，是德国北莱茵—威斯特法伦州首府，位于莱茵河畔。杜塞尔多夫是德国广告、服装和通信业的重要城市。杜塞尔多夫也是19世纪德国诗人海因里希·海涅①的出生地。杜塞尔多夫位于莱茵—鲁尔都会区核心地带，该都会区人口超过1 100万。杜塞尔多夫位于蓝香蕉②范围内，是5家世界财富500强公司与多家德国DAX指数公司总部的所在地。

著名的美术学院杜塞尔多夫艺术学院（Kunstakademie Düsseldorf）设立于此，其电子及实验音乐影响广泛，如图5.80所示。因莱茵河流经杜塞尔多夫，所以杜塞尔多夫是莱茵河狂欢节活动据点，每年7月有超过450万人参观莱茵河狂欢节。

杜塞尔多夫为德国人口第七大的城市，城市区人口达150万。杜塞尔多夫市区内有地下铁和有轨电车服务。杜塞尔多夫是德国铁路的主要转运站，每天有超过1 000班列车在此停靠。位于市中心的杜塞尔多夫火车总站于1891年启用，每日服务250 000人次，是德国第四繁忙的铁路车站。

杜塞尔多夫轨道，与莱茵鲁尔轻轨和杜塞尔多夫电车一起，构成杜塞尔多夫公共交通系统的主要架构，并且被集成在莱茵—鲁尔轨道网络，如图5.81所示。该轨道于1988年8月6日正式开通，截至2016年，轨道交通网络包括11条线路，运行68.5千米，并设有161个站点，其中22个是地铁站。

韦尔哈恩线（Wehrhahn）是一个杜塞尔多夫市地下轨道的最新建设的主线，总长3.4千米的地铁线路当中一共有6个站点，如图5.82所示。2000年9月，韦尔哈恩线IGW合资公司被委任负责处理这一主要交通基础设施项目的规划，许勒尔规划公司③负责牵头。这是欧洲范围内招标的结果。州首府杜塞尔多夫是开发商，市政运输管理部协调所有客户方活动并承担全部责任。

地铁向来是广告的角逐场，在一些附近有景区的地铁站，笔往往会装饰与之相关的文化元素。而德国杜塞尔多夫新开通的韦尔哈恩地铁线却是一条完全没有广告的"艺术地铁"，它点缀上了昂贵的艺术品或装饰画，纯粹由艺术家在地铁线路修建过程中直接创作。地铁的设计负责人认为他们首要的目标是艺术和建筑质量，必然广告会与之发生冲突。

---

① 海因里希·海涅（Heinrich Heine，1797年12月13日—1856年2月17日），德国著名抒情诗人和散文家，被称为"德国古典文学的最后一位代表"。

② 蓝香蕉，又名热香蕉、欧洲大都市带、曼彻斯特—米兰轴或欧洲的骨干，蓝香蕉区分布自意大利北部至英格兰西北部。这一地带包括了欧洲甚至世界人口、金钱或工业最集中的地区。

③ 许勒尔规划公司（Schüßler-Plan）于1958年成立，在全球有21个办事处，总部设在杜塞尔多夫。该公司为建筑行业提供规划、咨询和管理服务。

图5.80 杜塞尔多夫艺术学院

图 5.81　杜塞尔多夫地铁路线图

图 5.82　韦尔哈恩线路线图

建筑师、工程师、艺术家和城市管理部门的这种团队的协同努力体现在杜塞尔多夫超过 15 年的规划和建设工作的成就。这种合作始于 2001 年，在全欧范围内进行了两个阶段的竞赛，一个是总体线路概念设计的竞赛，一个是 6 个站点的设计竞赛。参加比赛的建筑方案强制性要求建筑师和艺术家应该作为一个团队进入。在大约 70 位知名申请人中，由达姆施塔特的网络架构建筑事务所①与柏林艺术家海克·克鲁斯曼的合作赢得了总体概念。在提交阶段，Alexander Hentschel 博士（结构工程）以及 Andrew Holmes（照明设计）提供了技术建议。

达姆施塔特的网络架构建筑事务所的负责人奥利弗维坦表示："通常，技术工程人员首先进入车站进行施工，然后艺术家在车站完成后做一些工作。"他说"我们系统的新颖性在于我们从一开始就邀请艺术家参与。"这种整体方法需要建筑师、艺术家、城市规划师和工程师之间的持续协作，这在大型公共基础设施项目领域是不寻常的，如图 5.82 和图 5.83 所示。

在当时，评审团的决定是至关重要的，因为网络架构建筑事务所与海克·克鲁斯曼的提案设想保持该线路的整体身份，同时允许各个站点的设计多样化。为了解决地铁设计中的这种模糊性问题，该团队提出了一个概念上强大而连贯的呼应。

两个抽象术语在这项设计中起着关键作用：连续体和空隙。连续体包括整个隧道结构及沿线的站点，这些站点基本上被视为隧道区域的"扩展"。所有车站内部使用均匀墙面覆层——具有浮雕图案的预制混凝土板，以此将空间连续体这一概念转换为可识别和统一的图像。

在建筑竞赛之后，网络架构建筑事务所受委托承担监督建筑项目规划的任务，包括其对土木工程结构外壳几何形状影响的特殊责任。在随后的比赛中，又选出了五位艺术家来扩大该项目的艺术家团队的人数。

---

①　达姆施塔特的网络架构建筑工作室（Netzwerkarchitekten），德国汉堡乌贝塞克地铁的"水下车站"也是他们的作品。

在现场施工期间，Schüßler-Plan 的高级工作人员对市政项目团队进行了现场和施工监督。网络架构建筑事务所负责监督艺术创作。

经过规划审批和一些准备工作，2008 年开始进行现场施工，包括管道和下水道工作，以及车站及其入口的特殊基础工程。2010 年，隧道建设正式开始并在两年内完成。从 2013 年 1 月起，车站之间的终端隧道区域进行施工，同时，作为轨道上的最后工作，在隧道已经完工的区域开始安装运营设施。

从 2013 年 1 月直到 2016 年 2 月投入使用，网络架构建筑事务所与 6 位艺术家合作推进了建筑的艺术工作。

新建地铁站是由杜塞尔多夫艺术学院毕业的 6 位艺术家设计的。每一个车站都不是独立的单元，它们形成了一个艺术的连续体。

表 5.1 列出了地铁站、它们的艺术设计师和各自对地铁设计的艺术概念。

表 5.1　韦尔哈恩线地铁各站的公共艺术设计

地铁站	艺术家	关键词
彭普勒福特街（Benrather Straße）	海克·克鲁斯曼	环绕
沙多（Schadowstraße）	厄秀·拉丹	旋转门
海因里希—海涅—阿利（Heinrich-Heine-Allee）	拉尔夫·布罗格	三个样板房
本拉瑟尔街（Benrather）	汤姆斯·斯崔克	上面的天空，下面的天空
格拉夫—阿道夫—广场（Graf-Adolf-Platz）	曼努埃尔·弗兰克	玛瑙
教堂广场（Kirchplatz）	恩尼·哈内尔	跟踪 X.

图 5.83　韦尔哈恩线施工现场

韦尔哈恩线的规划和建设阶段都基本上按时限和预算完成。杜塞尔多夫文化事务负责人汉斯·乔治·洛赫在推动该项目方面发挥了重要作用。他表示，类似规模的传统地铁线路只会稍微便宜一些。"这个项目艺术费用增加了约 300 万欧元，"洛赫说，"这只是一点钱，但带来了完全不同的外观和感觉。"他说，新线路不仅仅是方便和改善公共交通，"它为使用地铁的每个人提供生动的艺术体验。"

由于整个项目的高度透明性以及每个阶段广泛征集公众的建议，这个重要的市中心建设项目深受公众欢迎。高效的项目组织，以及项目涉及的各个学科从规划到施工的整合，意味着 2016 年 2 月，杜塞尔多夫成功启动了迄今为止最大的市政交通项目。

1. 彭普勒福特街地铁站

该车站于 2008 年 3 月 15 日建成，于 2016 年 2 月 20 日开放，自 2016 年 2 月 21 日起正式运行。

彭普勒福特街地铁站有两个入口，一个位于东侧，另一个位于西侧，还有两个电梯井位于车站中间，如图 5.84 所示。这些水平方向彼此相对的部分通过中心切割咬合连接成连续体，如跷跷板形状。天花板的角度设计使得站台和广场层面都享有清晰的视线，并且具有很大的可视性，从而优化了路径。车站的中心，在切割天花板的角度切割之外，有一个铁路变电站，由封闭的桥连接到广场层。东端的通道是通过与街道平行的两个入口。西端还有两个平行的入口，另外一个在 Oststrasse。侧平台每个都通过电梯连接到车站的中心。

艺术家海克·克鲁斯曼在 2001 年赢得了韦尔哈恩线全欧范围内整体概念的竞赛，并监督韦尔哈恩线的设计和建造。在 6 个车站中，克鲁斯曼女士设计了彭普勒福特街地铁站。她是一位柏林艺术家，也在加利福尼亚州帕萨迪纳的艺术中心设计学院任教。

海克·克鲁斯曼设计的车站，除了黄色的盲道外，墙面、地板和天花板只有黑白两色。许多白色的带子相互交错，将黑色的背景切割成不规则的小块，形成了一个抽象的丛林和密布的网。这些带子包裹着地铁站，将墙面变得极具几何感。

彭普勒福特街地铁站的艺术概念是"环绕"。海克·克鲁斯曼制作了特定空间几何形状 3D 效果图。她测量了车站并将测量值转换为 3D 模型，如图 5.85 和图 5.86 所示。她从每个入口处开始移动四个白色带状的运动方向，将它们延伸放置到站台，并环绕到地板、墙壁和天花板上。

3D 模型记录空间边缘的走向，以便最终可以使用白色带状形态打破和重组空间的几何形状。在打破空间的几何形状后，带状结构具有独立的存在性，并且以横跨的形态穿越车站空间的周边。这种游戏的三维效果与表面和空间的尺寸是令人惊讶的。在带状白色形态的搅动下，似乎地铁站的实际边界已经消解了。

带状的几何形状是基于 CAD 文件生成的，其严格设定了白色条纹在地板、墙壁和天花板上的确切位置。这些主题是使用艺术家制作的 3D 模型生成的。保证白色条纹的精确连续性是项目中不同行

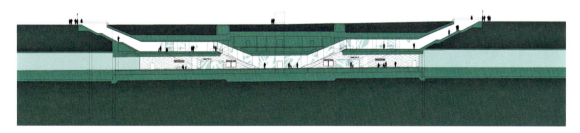

图 5.84　彭普勒福特街地铁站效果图

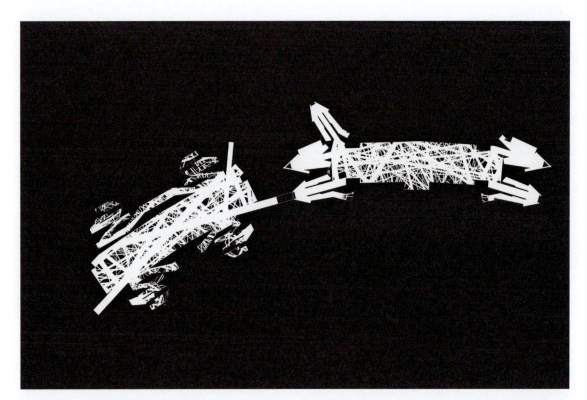

图 5.85　海克·克鲁斯曼制作的 CAD 设计图

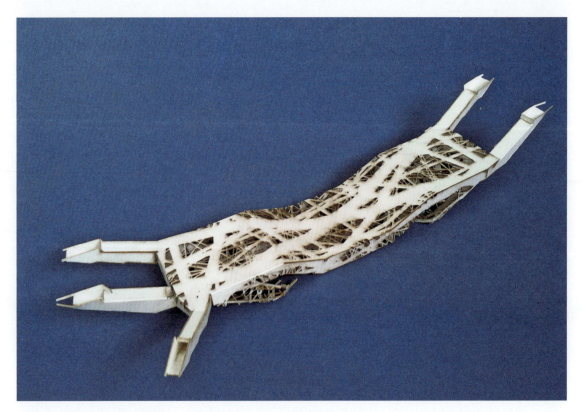

图 5.86　彭普勒福特街地铁站的模型

业协调工作的一项特殊挑战，需要在各个行业间进行密切的规划协调。条纹的运行方向经过墙壁、天花板和地板的表面材料，因此在材料所有表面上都要进行黑白双色图案的定制。每个双色元素都是独一无二的，并提供了艺术作品主题的单独部分，在任何其他点都不会重复。

黑白带状图案的材料是珐琅，即首先用湿式静电涂覆方法覆盖，然后使用双层/单次烧制技术在840℃的温度下烧成搪瓷墙板。横跨天花板的带的延续是通过粉末涂层天花板上的丝网印刷实现。对于地板，水射流技术被用于将混凝土石块切割成带状，然后再将各个部件放置在预留切口位置中。由此产生的效果：材料无缝地穿过地板、墙壁和天花板；线条流畅自然，没有错位和对缝误差，如图5.87～图5.91所示。

图5.87　彭普勒福特街地铁站的站厅（一）

图5.88　彭普勒福特街地铁站的站厅（二）

图5.89　彭普勒福特街地铁站的站厅（三）

168　艺术走入地下——公共艺术与地铁

图 5.90　彭普勒福特街地铁站的月台（一）

图 5.91　彭普勒福特街地铁站的月台（二）

2. 本拉瑟尔大街（Benrather）地铁站

本拉瑟尔大街地铁站位于北莱茵—威斯特伐利亚州首府杜塞尔多夫的金融区。新地铁站的建设工作于2008年5月开工。在壳体结构中，采用覆盖施工方式。开通时间是2016年2月20日。

瑞士雕塑家兼多媒体艺术家托马斯·斯崔克为本拉瑟尔大街车站设计的公共艺术是以多媒体影像展示为主，他在钢质墙壁上点缀着大型全景"天窗"多媒体屏幕，展示了外太空缓慢移动的3D动画，让人产生了空间站的感觉，如图5.92～图5.95所示。

艺术家对车站的设计理念是"天空之上，天空之下"。通过对建筑周围空间的概念性反转，托马斯·斯崔克将宇宙及其行星和恒星带入地铁站的地下世界，将其宁静和失重带入其中。艺术家与网络架构建筑公司合作，为该站开发了一艘宇宙飞船的室内设计。不锈钢压花矩阵覆盖墙壁，安装了由多媒体显示器组成的大型全景多媒体视窗。这些屏幕显示了宇宙的3D视频动画，为乘客提供了一个眺望外太空的窗口。

在一次采访中当被问及他的装置的意义时，斯崔克回答道，"也许，在最好的情况下，装置是一种不妨碍我观点的东西，而能扩展我的视野？"这种扩张、拓展和运动可以直接在本拉瑟尔大街车站有限的地铁空间得到体验。它与征服外太空的乌托邦相连，杜塞尔多夫的艺术家已经将其视为其艺术新维度的合理化。斯崔克认为它是一个近乎冥想的空间隐喻，激发了虚空、空间的无限未知的黑暗，并在他的空间逆转中将装置对立在一起：物质和非物质、地球和天空，让非空间进入空间。在本拉瑟尔大街地铁站，托马斯·斯崔克创造了一个可以虚拟打开的无障碍装置。

图5.92 本拉瑟尔大街车站正在播放的多媒体影像

图 5.93 本拉瑟尔大街地铁站站厅和多媒体影像

图 5.94 本拉瑟尔大街地铁站的站厅

图 5.95 本拉瑟尔大街地铁站的站厅通道

艺术家的基本思想是在封闭的地下空间范围内唤起人们对浩瀚宇宙的联想。将外太空的形象转播下来，沉重的空间变成了光明的东西。由于这些原因，他将地铁站周围的密度和封闭性考虑在内，并在他的脑海中将其定义为"宇宙"。建筑的这种"宇宙"概念性由所有相关人员实施，并反映在整个室内建筑以及显示屏的影像中。

该车站的内部空间与网络架构建筑事务一起开发，由多个光面、有凸起的精细穿孔的不锈钢板组成，安装在墙壁和天花板上，如图 5.96 所示。浮雕图案由垂直的浮雕点行组成，这些点以不规则的间隔中断，使人联想到不断下降的二进制代码或矩阵。根据角度和反射，点之间的空间似乎是信息的实际媒介。银色闪烁的不锈钢面板向下传导冷蓝色光线，或反射窗外进入室内的天空颜色。

与科隆计算机专家 325 Media 合作，托马斯·斯崔克在数字 3D 空间中重建了宇宙，通过空间设计虚拟轨迹，其中包含来自 ESA 和 NASA 的图像和纹理。这次穿越外太空的旅行是通过六头摄像机进行的，还安装了六个荧光屏展示了地下宇宙飞船桥的视图，这些荧光屏与地铁站广场层的建筑几何形状比例一致。

"也许你在火车上就知道这种感觉，你看着窗外，觉得你在动，但实际上这就是你身边的火车，"斯崔克说，他试图在创造一种这样的感觉。

图 5.96　本拉瑟尔大街地铁站的不锈钢面板

3. 格拉夫·阿道夫广场（Graf-Adolf-Platz）地铁站

格拉夫·阿道夫广场地铁站建在杜塞尔多夫市的中心位置。新地铁站建设的前期工作始于 2008 年，采用壳体施工的施工方法。开幕于 2016 年 2 月 20 日，第二天即开始运行服务。

格拉夫·阿道夫广场地铁站由艺术家曼努埃尔·弗兰克设计。该项目的名称是"玛瑙"。弗兰克在格拉夫·阿道夫广场站使用了一种特别的绿色，上面留有不规则的深色纹路，这种深浅的线条感是通过手工磨制出来的。一条一圈勾勒出河流和山脉的样子，很有中国水墨画的意境，如图 5.97 和图 5.98 所示。

曼努埃尔·弗兰克使用了数百个绿色玻璃面板，创造了一个沉浸式的色彩环境，强大流线持续不断，精致的线性细分与爆炸性的颜色交替。这些绚丽的色彩是在制造过程中通过专门开发的艺术干预模拟过程实现的，如图 5.99 和图 5.100 所示。

弗兰克用丝网印刷了两片深紫灰色和绿色的玻璃，将绿色玻璃置于顶层，紫灰色玻璃放在底下。他从 170 张玻璃板上用砂纸除去绿色，用抹布、海绵、抹刀和注射器、溶剂等方式擦掉或洗掉表层的绿色，获得玛瑙的特征波形和不规则结构。

弗兰克必须提前准确地描绘过渡和渐变，以及设计中的细节。灰紫色的流线证明了它的加工痕迹，并且在某些地方可以看到艺术家如何处理玻璃板。

在玻璃铸造厂生产期间，艺术家直接用手工加工玻璃墙板。阴影和扭曲是通过除去新绿色层漏出底下的紫灰色玻璃板得来的。在 200℃的预干燥过程之后，将独特的玻璃板在 600℃下硬化。随后，将这样处理的一个板连接到另一个板。所得玻璃复合材料中的多个表面层或颜色区域在平坦玻璃表面中产生了微妙的可塑性和深度感。玻璃面板通过

图 5.97　格拉夫·阿道夫广场站的入口设计

图 5.98　壁画的细节

第 5 章 德国地铁及公共艺术设计　173

图 5.99　格拉夫·阿道夫广场站的月台（一）

图 5.100　格拉夫·阿道夫广场站的自动扶梯

固定的隐藏点安装连接到下部墙面结构，如图5.101～图5.103所示。

双层的玻璃板给出了"玛瑙"的深度。图像结构的轮廓和阴影在亮绿色之间像水流一样不断振荡、反射，给人以真实石头的印象，使得观众沉入一个和谐、装饰性的墙面和地面游戏中。

图5.101　格拉夫·阿道夫广场站的月台（二）

图5.102　格拉夫·阿道夫广场站的月台（三）

图5.103　格拉夫·阿道夫广场站的月台壁画

4. 教堂广场（Kirchplatz）地铁站

教堂广场地铁站位于杜塞尔多夫市中心以南地带。由艺术家恩尼·哈内尔设计车站内部的艺术装置，如图 5.104～图 5.106 所示。

关于教堂广场的车站，恩尼·哈内尔写了一首叫做《跟踪 X》诗歌，然后将它们用雕塑变为现实。用钢丝绳锻造成书写的线条，然后用鲜艳的颜色覆盖，象征着诗歌的"文本"在地铁中游走。三个"诗歌文本"引导乘客从入口进入地铁的开始，一直通向车站，在那里相交，然后引导乘客进入站厅。第四个"文本"翻滚出中央天窗。每一行诗篇都只能从某些角度才能读取。

作品的每一个部分都需要被观众进一步发展和完成。刚刚步入地铁入口时，没有字母，也没有单词，只有一些弯曲的线条，观众对"文本"的识别基本无法进行。三个"文本"松散地蜿蜒地由入口下降，在中央站厅的灯轴处相遇，这里为钢铁和彩色游戏提供了最大的空间。在这里的三角形瓷砖墙上出现了两个可识别的单词："sich leere"（空），"leertsichfülle"（将被清空）。在此处，观众书写练习或自动涂鸦的联想立刻被唤醒了，如图 5.104 所示。

哈内尔创作了四个"文本"，这些"文本"以一种手写体的外观呈现。她与安德列亚斯·阿尔特哈默一起将它们制成金属部件，外涂层采用橙色，并将它们悬在矩形磨砂瓷砖上。

《跟踪 X》的基本材料是全轮廓圆钢的挤压股线，直径约为 2 厘米。在锻造过程中，股线在火中加热，在可延展状态下成型并弯曲，然后镀锌，扫掠并用

图 5.104　教堂广场地铁站《跟踪 X》蜿蜒的诗篇（一）

亮橙红色粉末颜料覆盖。书写"文本"的三维元件由不锈钢垫片安装在墙壁和天花板的外壳上。

车站的墙面覆盖着白色陶瓷外墙板,墙壁接缝恰好在白色金属板的天花板接缝处延伸。弯曲和彩色钢的强烈感官印象,与建筑的凉爽、清晰的白色几何形状形成了鲜明对比。

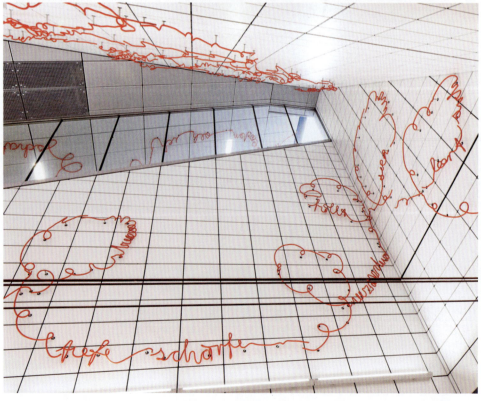

图 5.105 教堂广场站《跟踪X》蜿蜒的诗篇(二)

图 5.106 教堂广场站诗篇由天井延伸出去

5. 沙多（Schadowstraße）地铁站

沙多地铁站由装置艺术家和电子艺术家厄秀拉·达姆制作。厄秀拉·达姆以几何学及其具有社会影响的公共空间的装置闻名。1995年起，这些装置以互动的形式调节公共空间里建筑与路人行为之间的关系。除此之外，她还创作了无数以自然、科学和人类文明之间相互关系为主题的装置，如图5.107～图5.110所示。

厄秀拉·达姆创建的核心概念"旋转门"，是一个涉及多个元素的交互装置。它的中心是一个大型LED屏幕，通过计算机程序进行转换来显示路人在城市表面的实时运动。这个概念在车站墙壁的蓝色玻璃中展现路人不断变化的动态能量，创造出来小型虚拟动态形象。

"旋转门"的核心是隧道层的大型LED屏幕，并连接到位于沙多地面上的摄像机。在那里收集可视化数据：路人的实时移动被拍摄并传输到屏幕，然后作为统计平均值收集。人们也可以在这里与多边形相互作用，它们的运动方向具有破坏几何形状稳定性的能力。通过这种方式，重新建立了路人之间的联系。

中央投影表面集成在工作站的大前壁中，实时生成动态数字视频。摄像机记录了地上路人的动作，然后将它们输入专门开发的软件中并作为"能源"或虚拟能量处理。小型虚拟图像从暂时、波动的动能中建立起一个形态，又随着路人的日常节奏而消失。使用差异滤波器生成彩色几何渲染，描绘了地面街道上行人的来往。

在地铁站的蓝色玻璃窗格中，房间高的荧光屏安装到适当的位置，在站台上方展示了就像洒了几何形状的杜塞尔多夫城区影像。首先，准备了城市景观的线条画，一目的是突出重要的行人轴和交通流量。然后将由行人轴包围的区域转换为多边形，并将线和轴的角度计算为正多边形的整数分数。

运动也是沙多地铁站设计不可或缺的一部分，"它代表着人民，"厄秀拉·达姆说，"你可以看到他们在建筑方面的表现，以及他们喜欢居住的空间。同时，他们可以看到软件对其信息的作用。没有什么是隐藏的。"

图5.107 沙多地铁站月台

图 5.108　沙多地铁站壁画

图 5.109　沙多地铁站多媒体影像

图 5.110　沙多地铁站月台多媒体影像

6. 海因里希—海涅—阿利（Heinrich-Heine-Allee）地铁站

在海因里希—海涅—阿利地铁站，德国的跨媒体、观念艺术家拉尔夫·布罗格设计了一个可以"听"的地铁站。

拉尔夫·布罗格的艺术实践包括雕塑、绘画、版画、摄影和装置、艺术建筑项目、家具和室内设计，以及出版。

艺术家将海因里希·海涅·阿利地铁站的三个新入口设计成了声音和视觉双重作用的视听场所，分别作为"礼堂""剧院"和"实验室"。三个样板房中的每一个都拥有高品质的音响系统，可以进行最广泛的声学传播；它们可以在未来几年用于展示尽可能广泛的作曲家和声音艺术家作品。开幕式上，作者兼导演 Kevin Rittberger，作曲家 Stefan Schneider 和音乐家 Kurt Dahlke 以及艺术家 JörnStoya 的作品分别在剧院、实验室和礼堂进行播放。

"实验室"侧重于音调的实验用途，声音雕塑悬挂在空间中，对应于走廊墙壁上形成可视化的光学现象"干涉图谱"壁画，如图 5.111 和图 5.112 所示。在"剧院"中，陶瓷墙面表面看起来像剧院的幕布，可以听到地铁内播放的语音信息和其他声音素材。"礼堂"配有 48 个可单独控制的扬声器。扬声器安装了 3D 音频程序使得声音的扩散能够被调制，从而优化室内的声学特性。

这个空间中，拉尔夫·布罗格探索了以图形形式和声学声音共振的音乐。布罗格概念的实验性质在"实验室"中尤为明显，"实验室"中两个发声物体悬挂在自动扶梯空间中，与走廊中的干涉图谱呼应。这个地图集由 45 排印制的瓷砖组成，排列成三排，它们共同描绘一种想象的音乐类型。声波的波浪性质在所谓的图像中显露出来，经过描绘形成所有后续瓷砖的基础，布罗格在其基础上通过拉伸、挤压和扭曲凹槽以产生干涉图案，如图 5.113～图 5.115 所示。

在两个声音对象中也可以观察到这种现象：响应自动扶梯的运动，七个元件中的穿孔金属产生类似的效果。天花板上悬挂着紫色和石灰绿色的多面体形状的装置名叫"旋律盒子"。它们是扬声器，每一个都是分开控制的。该物体配备定制扬声器，可用作高品质 7 声道扬声器系统。

"剧院"从远处的深红色"陶瓷幕布"开始，是布罗格和凯文·里特伯格（Rittberger）合作的车站区域，如图 5.116 所示。在"剧院"中，通过数字可控扬声器来播放声乐文件。墙面覆盖层采用陶瓷丝网印刷工艺制成，让人联想到剧院内具有戏剧感的幕布。在这里，自动扶梯以相同的速度不间断地运送乘客，扬声器播出里特伯格创作的《俄耳甫斯神话之歌》，这个故事部分改编自克劳迪奥·蒙泰韦尔迪（Claudio Monteverd）的歌剧《奥菲欧》（L'Orfeo），部分改编自里特伯格自己的歌剧《老实人》（Candide）。"剧院"巧妙地将三个多声道扬声器集成在建筑墙面，隐藏在"陶瓷幕布"后面。乘客在乘坐扶梯时听到了美妙的歌剧，却无法找到声音的来源，于是便产生了一种以为站在剧院舞台的错觉。在乘坐扶梯的短暂时刻，陶瓷幕布形成了一个短暂的空间，在这里的人们开始怀疑他们所感知的是完全虚幻的。

样板房"礼堂"的标题已经表明了它的功能：布罗格与音乐家普罗拉托（Pyrolator）和尤恩斯达在连接地面和地铁隧道的长廊创建了一个演讲厅。使用白色珐琅瓷砖优化声音效果，几何浮雕形态的表面可促使声波以多角度呈正负形式反弹。瓷砖以正方形金字塔作为原型，然后以几种不同的方式产生形态演变：作为正形或负形、单个元素或多个组成，或者进行形状旋转。从纯白色珐琅表面和旋转元件反射的光线在礼堂中产生微妙的结晶效果，让人联想到未来的冰川结构，如图 5.115 和图 5.117 所示。

隐藏在瓷砖后面的是 48 个独立控制的扬声器，达尔克（Dahlke）和斯托亚（Stoya）在其上编写了 3D 音频装置——在线鸟语。扬声器相对靠近地面放置，使得人们的声音体验感觉愉快。用软件操纵鸟类的录音，因此当乘客乘坐自动扶梯时，声音似乎在乘客周围倾斜

图 5.111　海因里希—海涅—阿利地铁站的声音装置"旋律盒子"（一）

图 5.112　海因里希—海涅—阿利地铁站的声音装置"旋律盒子"（二）

和旋转。声音是无方向性的，既不在上方也不在下方，而是通过一个人的整个身体来体验。艺术家使用3D模拟软件和专门编程的随机数发生器实现空间声音。此外，传感器可以检测工作站中的背景噪声并改变音量，以便在周围人数较少时安装更安静。位于市中心的人们很惊讶地面对这种虚拟的自然鸟鸣，根据一天内时间不同或季节的不同，这种提醒还可以根据不同种类的鸟类而变化。

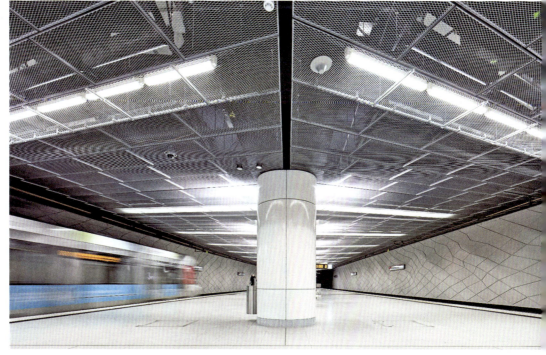

或许德国给人的印象就是冷静、机械、工业化的，而德国城市地下却有着无比绚烂的色彩和丰富的想象力。高纯度彩色的墙面和灯光，让人感到自己乘坐的不是地铁，而是进入了某个创意世界，为当代地铁公共艺术设计提供了非凡的借鉴意义，如图5.117和图5.118所示。

图5.113 铁轨侧曲面墙壁

图5.114 海因里希—海涅—阿利地铁站的月台

图5.115 自动扶梯（一）

图 5.116　自动扶梯（二）

图 5.117　海因里希—海涅—阿利地铁站的扶梯侧墙壁

图 5.118　海因里希—海涅—阿利地铁站内通道壁画

第6章 瑞典斯德哥尔摩地铁及公共艺术设计

第一节　斯德哥尔摩的城市与文化

一、关于城市

斯德哥尔摩（Stockholm）（图6.1）是瑞典王国首都。瑞典是一个位于斯堪的纳维亚半岛的国家，北欧五国之一。

斯德哥尔摩在英语里意为"木头岛"。城市始建于公元13世纪中叶。那时，当地居民常常遭到海盗侵扰，于是人们便在梅拉伦湖入海处的一个小岛上用巨木修建了一座城堡，并在水中设置木桩障碍，以便抵御海盗，因此这个岛便得名为"木头岛"。由于斯德哥尔摩地理位置适中，气候温和，环境优美，在1436年被定为都城，并逐渐发展成为斯堪的纳维亚半岛上的最大城市。

斯德哥尔摩既有典雅、古香古色的风貌，又有现代化城市的繁荣。在老城区，那里有金碧辉煌的宫殿、气势不凡的教堂和高耸入云的尖塔，而狭窄的大街小巷显示出中世纪的街道风采。在新城区，则是高楼林立，街道整齐，苍翠的树木与粼粼的波光交相映衬。在地面、海上、空中竞相往来的汽车、轮船、飞机、鱼鹰、海鸥，给城市增添了无限的活力，而远方那些星罗棋布的卫星城，更给人们带来一抹如烟如梦的感觉。

斯德哥尔摩也是一座文化名城，市内有50多座博物馆，如民族、自然、美术、古文物、兵器、科技博物馆等，分门别类，各有千秋。在斯坎森露天博物馆，有150座从瑞典各地搬来的农家小舍，风格各异，生动形象地向人们展现出瑞典古代劳动人民所度过的那些俭朴而富有意义的岁月。还有藏书100万余册的皇家图书馆和拥有100多年历史的斯德哥尔摩大学等。全世界公认和信服的诺贝尔奖也是一年一度在瑞典评选公布的，在世界范围内，诺贝尔奖通常被认为是所颁奖的领域内最重要的奖项。斯德哥尔摩市政厅内的金色大厅是每年12月10日（诺贝尔逝世纪念日）诺贝尔颁奖晚宴后举行舞会的地方。如图6.2所示。

自1809年以来，瑞典从来没有卷入各种战争之中。在两次世界大战中，因瑞典宣布为中立国，居民照常过着平静安宁的生活，斯德哥尔摩因此被人们称为"和平的城市"。

瑞典这个身处北欧的国家有着冬一般的意志与和煦的灵魂，热爱生活、热爱家庭、亲近自然、回归自然，产品制造商有着不输日本和德国人的"强迫症"，却又低调走在科技和文化的前沿，不张扬，内敛却有内涵。由于气候寒冷，瑞典的农业比重较小。工业发达且种类繁多，瑞典拥有自己的航空业、核工业、汽车制造业、先进的军事工业，以及全球领先的电信业和医药研究能力。在软件开发、微电子、远程通信和光子领域，瑞典也居世界领先地位。瑞典是欧洲最大的铁矿砂出口国。按人口比例计算，瑞典是世界上拥有跨国公司最多的国家。

2004年瑞典获全球科技创新能力排行第一。瑞典的工业、医药和信息化能力尤为突出。它是一个900多万人口的小国却有十多所世界闻名院校。

第 6 章　瑞典斯德哥尔摩地铁及公共艺术设计　185

图 6.1　斯德哥尔摩城市景观

图 6.2　斯德哥尔摩金色大厅

二、城市的文化和美学

地处北欧的斯堪的纳维亚国家，包括芬兰、丹麦、瑞典、挪威和冰岛五国。这里冬天寒冷而漫长，气候反差大，人口密度小，森林覆盖面积很广，宁静幽清，制陶、纺织和玻璃制作工艺有悠久的传统和历史。在现代设计的发展过程中，芬兰、丹麦和瑞典快速、稳步地发展了具有地方特色的设计风格。

在营造天人合一的自然气氛里，北欧人似乎有着不可替代的天赋。永远是材质的精挑细选，工艺的至纯至真，这种在现代工业社会被看作活标本的技术，仍然在北欧国家的设计中广泛使用。这种人本主义的态度也获得了全世界普遍的认可，如图6.3所示。

北欧设计以简约著称，具有浓厚的后现代主义特色，注重流畅的线条，代表了一种时尚，回归自然，崇尚原木韵味，外加现代、实用、精美的艺术设计风格，正反映出现代都市人进入新时代的某种取向与旋律。以瑞典为代表的北欧设计有以下几个主要特点。

1. 简约

"简约主义"真正的起源应该追溯到现代主义设计。20世纪30年代，现代主义的代表人物密斯·凡·德·罗①提倡"少就是多（Less Is More）"的设计理念，因而主张产品设计在满足基本功能为首要条件之后，形式上必须达到最大限度的简约。现代主义者在产品设计中主张材质的天然特性，不提倡使用繁杂的装饰和图案，同时也不赞成设计为上层特权阶级服务，认为设计应该充分地体现民主化、大众化的思想。

---

① 密斯·凡·德·罗（Ludwig Mies Van der Rohe，1886—1969）是最著名的现代主义建筑大师之一，密斯坚持"少就是多"的建筑设计哲学，在处理手法上主张流动空间的新概念。

图6.3 斯德哥尔摩城市雕塑

2. 自然

瑞典设计师善于发现人与大自然共生的平衡，忠诚于本国、本地区的原材料。瑞典设计师抛弃了欧洲大陆冰冷的钢管材料，讲究就地取材，对材质的选择和工艺的追求都表现出对大自然至纯至真的向往。瑞典拥有丰富的森林资源，因此木材是家具设计师最为偏爱的材料。瑞典的设计师特别喜爱本国的白桦、松木等木料，用以制作贴近大自然的家具。同时对家具的木料不加任何漆饰，完美极致地表现了木材本身的自然纹理，与"师法自然"的设计美学有着异曲同工之妙，如图6.4所示。

瑞典人对大自然情有独钟，设计师大量的灵感也都是从大自然中捕获得来的，比如有些家具的创作就是从大自然中的动物、植物中抽离出来的几何形态。设计来源于自然却又高于自然。

3. 平等

在北欧，设计无处不在，它属于每一个人。这就是其设计公众性的精髓所在。

以社会公众为主体，从人性的角度出发来进行设计，以满足人们对产品的审美与功能需求，真正做到为真实世界而设计，为生活中的人而设计。这种彻底的公众性设计必然会促进北欧社会的发展，乃至整个世界的发展。"以绝大多数人所能承受的价格，提供美观实用的家具"是北欧公众性设计宜家品牌的设计理念语录。长期以来，"宜家"始终坚持着这一民主的设计观念，简单的形式吸引了大众的口味，而过度的装饰有可能会使很多人望而却步。花费少还给人提供一定程度的经济安全，创建一个高品质的家庭日常生活的空间和氛围，而不需要紧张的预算。瑞典工业设计协会主席格雷戈尔·保尔森在《价廉物美的日常用品》一书中说到，"为日常生活提供美的产品"已经成为整个北欧设计界最具代表性的设计思想——为绝大多数人服务，为普通大众的日常生活带来美，如图6.5所示。

早在20世纪初，北欧国家就开始了与欧洲同步的现代设计，他们在发展现代设计的同时，也制定了保护传统手工艺的措施，力求把传统的手工艺与现代工业设计结合起来，创造一种艺术的工业产品。这种发展策略，使他们在二三十年代在陶瓷、家具和玻璃设计方面取得了杰出的成就。战后功能主义流行时期，斯堪的纳维亚国家在认同功能主义的同时也强调产品设计的人情味，反对冷冰冰过分机械化的风格，他们的设计简洁优雅、形式与功能完美统一，得到了世界设计界的承认。

北欧风格以简洁著称于世，并影响到后来的"极简主义""简约主义""后现代"等风格。在20世

图6.4 斯德哥尔摩城市纪念碑

纪风起云涌的"工业设计"浪潮中，北欧风格的简洁被推到极致。北欧设计的典型特征是崇尚自然、尊重传统工艺技术。

在20世纪20年代，大众服务的设计主旨决定了北欧风格设计风靡世界。功能主义在1930年的斯德哥尔摩博览会大放异彩，标志着其突破了斯堪的纳维亚地区，与世界接轨。北欧风格将德国的崇尚实用功能理念和其本土的传统工艺相结合，富有人情味的设计使得它享誉国际，如图6.6所示。40年代它逐步形成系统独特的风格。

1954年，美国举办了斯堪的纳维亚设计展览，并作为"优良设计"的例子介绍给美国的工业设计界。1958年，巴黎艺术博物馆举办了名为"斯堪的纳维亚的式样"的展览，德国也把"丹麦的新式样"介绍给本国的设计师。这些展览，使"斯堪的纳维亚"风格的设计成为世界工业设计界普遍认同的优秀设计。这些国家设计制作的家具因造型简洁典雅、做工精致考究、舒适耐用，在国际家具市场上享有极好的声誉。

瑞典非常具有代表性的就是斯堪的纳维亚设计①，这种风格与艺术装饰风格、流线型风格等追求时髦和商业价值的形式主义不同，它不是一种流行的时尚，而是以特定文化背景为基础的设计态度的一贯体现。北欧国家的具体条件不尽相同，因而在设计上也有所差异，形成了"瑞典现代风格"等流

---

① 20世纪四五十年代，斯堪的纳维亚国家设计的发展是与政府对于设计的重视和扶持分不开的。战后斯堪的纳维亚国家为提高工业设计水平纷纷成立专门部门，控制产品质量与标准化生产。

图6.5　现代主义建筑楼梯

派。但总体来说，斯堪的纳维亚国家的设计风格有着强烈的共性，体现了斯堪的纳维亚国家多样化的文化、政治、语言、传统的融合，以及对于形式和装饰的克制，对于传统的尊重，在形式与功能上的一致，对于自然材料的欣赏等。斯堪的纳维亚风格是一种现代风格，它将现代主义设计思想与传统的设计文化相结合，既注意产品的实用功能，又强调设计中的人文因素，避免过于刻板和严酷的几何形式，从而产生了一种富于人情味的现代美学，因而受到人们的普遍欢迎，如图 6.7 所示。

20 世纪中期北欧经济的迅速发展使得北欧人拥有高福利的制度。但北欧人依然重视产品的实用性，简单自然的审美观依旧传承着。北欧的住宅文化和设计理念深受影响，因此即使是在工业时代的北欧产品设计都依然保留着关注用户身心健康的人文关怀的要素。传统和时尚创新被北欧设计师运用得淋漓尽致。

图 6.6　斯德哥尔摩城市建筑
图 6.7　斯德哥尔摩雕塑公园

第二节　斯德哥尔摩的地铁

瑞典首都斯德哥尔摩地铁（简称ST）建设始于1950年，有着较早的开凿历史和运行经验。斯德哥尔摩的地铁系统至今有100个车站营运，共有7条线路，并被分成3个以颜色区分的组别，分别为蓝、红及绿。每一组颜色的线路均共用通过斯德哥尔摩市中心的路轨。

全长105.7千米的地铁系统均由斯德哥尔摩省通过斯德哥尔摩交通公司拥有。全线现在以合约专营权的方式交由城市铁路有限公司旗下MTR斯德哥尔摩有限公司（MTR Stockholms AB）营运，如图6.9所示。

建造地铁的决定始于1941年。在之后的数年，有些线路以类地铁标准建成，但却以电车营运。第一部分正式的地铁系统在1950年开通，它是以一条于1933年建成的地下电车线作为基础，并把它提升为地铁标准。这条线路从斯鲁森站往南行至霍卡然根站。1951年，从鲁森到斯图雷比（Sturebg）的第二条线路开通了（直到那时还有电车运营）。1952年，从豪特盖特（Hötorget）到西郊的第二个系统开放了。1957年，这两个部分通过中央火车站（在地铁中央站T-centralen）和旧城区（在老城地铁站）相连，形成了绿线。在1950—1960年期间，绿线一片一片地延伸，如图6.10所示。

红线于1964年开始营业，从地铁中央站开始，结束于圣母草坪站和恩斯贝格（Örnsberg）站，两者都在西南部。工程一直延续到1978年，当时它通过瑞典海峡上的一座桥到达墨比中心（Mörby）。

第三个也是最后一个系统蓝线（Blue Line）于1975年开通，其中两条线路从市中心向西北方向延伸。随着多年来建筑要求变得越来越严格，新建的隧道比旧建筑更多，而蓝线几乎都在隧道中。整个网络的最新成员斯卡普纳克（Skarpnäck）站于1994年开通。

2017年，斯德哥尔摩地铁（图6.8）年载容量达到3.53亿人次，日均载客量达到96.71万人次。

斯德哥尔摩地铁因为它的装饰而闻名于世，更有"世界最长的艺术馆"之美誉。其中几个车站（特别是在蓝线）特意将基石露出，不加以修饰，以作为车站天然的装潢。

到目前为止，斯德哥尔摩的地铁系统已经拥有3条主要线路（绿线、红线、蓝线），7条次要线路

图6.8　斯德哥尔摩的地铁LOGO

（T10、T11、T13、T14、T17、T18、T19），以及多种区间线路。线路网总共有100个车站，其中地下站47站，地上站53站。有大约90个站点已经被艺术所覆盖，每一个站点都是一道不同的风景线，如图6.11所示。

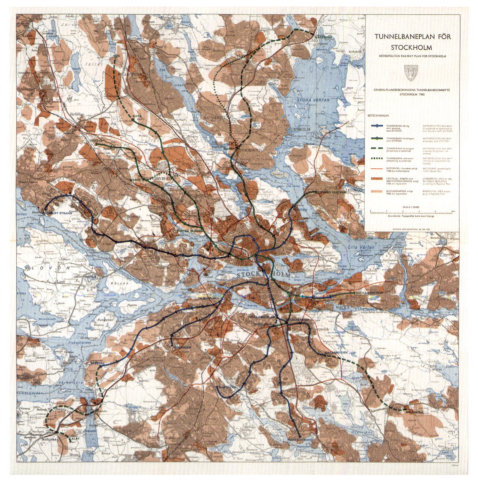

图6.9 斯德哥尔摩的地铁规划图

图6.10 1956年斯德哥尔摩地铁施工现场

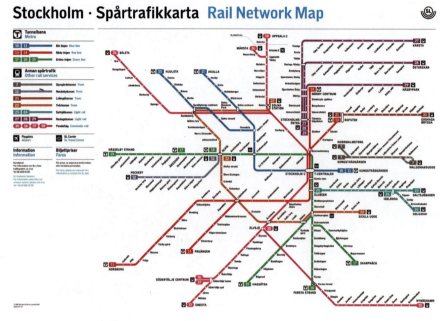

图 6.11　斯德哥尔摩轨道交通地图

一、为什么是岩石隧道？

斯德哥尔摩地铁的最大特点就是它的岩石隧道站台设计。在早期，地铁隧道的开凿有两种选择：岩石隧道和水泥隧道。岩石隧道埋置线路较深，车站顶部的岩石厚度在 10 米以上，有的达 20～30 米，主要以矿山法施工①。水泥隧道的埋置线路较浅，在早期以明挖施工为主要手段。

岩石隧道的施工不会对地面原有建筑和交通生活造成干扰。而水泥隧道的敞开式施工通常都会造成很多干扰，例如在斯德哥尔摩市中心一号线的法官街（Sveavagen）站，整条街道是城市重要的商业中心，由于开凿地铁隧道造成的干扰，零售商业受到打击，导致店主们纷纷要求赔偿损失。对比之下，当西南线的岩石隧道开凿时就没有这样严重的影响，除了售票点和入口的施工之外，没有对城市地表产生额外的影响，如图 6.12 所示。

岩石隧道另外的优势是它提供了一个轨道建设的更广阔的视野，并且也满足了二战后民众对人防工事系统的需求。

更主要的一个原因，实际上是最关键的原因是，岩石隧道的造价便宜。得益于斯德哥尔摩的优质地下岩层和高水准的爆破技术，岩石隧道的工程花费并没有像其他工程一样持续攀升。以一条双轨铁道的岩石隧道为例，包括强化防水在内所有的工程费用，仅仅是用传统施工手段的水泥隧道的 1/5。

岩石隧道最大的缺点是它们距离地表较深，需要很长的路才能从街面到达月台。在三号线，车站的平均深度在 25～30 米，这就意味着需要造价昂贵的电梯和扶梯。但是，总体来说，却并不会超过水泥隧道的总价。

---

① 矿山法是一种传统的施工方法，是人们在长期的施工实践中发展起来的。它是以木或钢构件作为临时支撑，待隧道开挖成型后，逐步将临时支撑撤换下来，而代之以整体式厚衬砌作为永久性支护的施工方法。

图 6.12　1960 年斯德哥尔摩轻轨

二、地下岩层的情况

瑞典位于欧洲北部的斯堪的纳维亚山脉，曾受古代冰川侵蚀，在沿海形成了许多内陆峡湾湖泊。斯德哥尔摩位于冰川作用形成的低地湖岛区，基其地质构造主要由 20 亿年前的前寒武代结晶岩构成。古老的结晶岩基底出露地表，或仅覆盖薄层第四纪冰川沉积物，被称为波罗的海地质，亦称芬诺斯堪的亚地质。这个岩层十分结实且不易风化。隧道靠近地表区域的岩石情况就相对复杂，诸如地下水渗漏、局部不良岩石覆盖等。一般来说，靠近地表的岩石要比深入地下的岩石劣质一些。

三、岩石加固

尽管岩石的质量十分好，但在部分区域还是需要水泥加固。在地铁刚刚开始建设的时代，唯一加固岩石的技术方法就是安置水泥拱柱，如在老弗里德海姆斯潘站就安置了 100 个这样的拱柱。现在这种情况都是普遍使用岩石铆钉。

在 20 世纪 60 年代，一般使用喷射混凝土的方法来加固岩石。在接下来的 25 年，所有的地铁建设都采用了这个技术。在隧道中混凝土层的厚度为 30 mm，而在月台内，混凝土层加固后达到 80 mm 的厚度。为了避免隧道渗水，在岩石和混凝土层嵌入了塑料管排水系统。

四、洞穴

20 世纪 50 年代车站建设面积为 50 m^2，并且用混凝土做成拱柱结构。车站的墙壁和地面一般就是用瓷砖和马赛克装饰，如图 6.13 和图 6.14 所示。

在 20 世纪 60 年代建设的车站大体与之前的相同，但是站厅表面使用的材料有了明显的变化。有些站厅采用釉面砖或各式各样的混凝土，还有的使用搪瓷钢板和玻璃砖。

这种站厅的缺点是装修的时间比较长，并且在装修期间整条线路的运行都会受影响。为了缩短装修的时间并减少工程费用，做了一个完全不同的尝试——"洞穴"车站。

洞穴车站有很多种，早期的大多是这样：站厅进行全面的防水和混凝土喷浆，灯管悬挂在铝或铁网上，并且有些墙壁也覆盖着金属网线。吸声材料置于吊顶上面和月台边缘下面。大部分的洞穴都有一个连接两方向站台通道的岩石柱子。

洞穴车站的另一个优势是它们粗糙的表面会形成散射声场，这样结合吸声装置就营造出了十分舒适的低噪声环境。

图 6.13 国王花园站的自动扶梯

图 6.14 老城车站瓷砖壁画

五、建筑设计与公共艺术

最早的地下交通网络建设都秉持技术至上的精神，工程师是所有一切的主导。现在，这种技术至上、科技优先的观念某些地方还在大行其道，为这些建筑打上明显的风格烙印——经常用各种权宜之计将一个交通系统分成各自独立的部分拼凑在一起做成一锅大乱炖。

斯德哥尔摩地铁的特点是从刚刚起步的时候它就强调一体化设计理念，如图6.15所示。除了"岩洞"车站的开创性，另一个与众不同的特点是艺术家的参与，这早在20世纪50年代就开始并在60年代发展成熟。在瑞典学院、县议会和斯德哥尔摩交通部（SL）举办的展览上，斯德哥尔摩地铁给予了全世界震撼。展览使得瑞典的岩石开掘技术名扬海外。也正是这三个部门促成了在地铁建造过程中工程师、建筑师和艺术家的合作。

"岩洞"车站内部建筑和装饰设计遵循"有机建筑"的原则，保持了地下岩体原貌，使之暴露于外，自然且不进行额外建筑和遮挡。地铁内部设计展示了对大自然的崇敬。对在地下特定环境形成特定的空间，它是环境天然的一部分，它应使环境增色而不是毁坏环境。认为事物的内在特性总是蕴含着本身的解答，建筑应是本地环境的产物，土生土长，并与环境融为一体，成为环境的一部分。

建筑靠近大地的部分——特别是墙基，做得与岩体浑然一体，其他部分也尽量采用来自自然的材料建造。站点空间还将各种随机和抽象的要素结合起来，整合弯曲与扭转的力量，浓缩结构的力量，进而达到自然合一的境界。

图6.15　弗里德海姆斯潘地铁站

六、标识

斯德哥尔摩地铁的标识、字体和广告设计也受到重视。艺术家卡勒·洛登①于1933年负责包括色彩方案在内的所有导视系统。他设计了一个在圆圈内的大写T字作为原始标志，这是瑞典语的"地铁（tunnelbana）"的缩写，如图6.16所示。

图6.16 斯德哥尔摩地铁指示牌

七、"浴室"车站

斯德哥尔摩地铁的绿线是20世纪50年代兴建的。大部分的绿线都是地上轨道，只有少部分在地下。郊区线的基本都是采用当年的老有轨电车线路。因此，地面上的轨道往往和以前的有轨电车是同一个站台。1950年的Subterranean站采用的是切断填埋的技术：在街面上深挖出轨道沟渠，建筑出一个铺装轨道的水泥隧道，并将站台和其他技术设备安装完毕后将土填埋回去还原街面。从地下穿越Sveavagen（拉德曼斯坦站）、Odengatan（奥丁广场站）、圣埃里克广场（St Eriksplan站）并到达弗里德海姆斯潘站、豪特盖特站的郊区延长线上，也是使用的这种填埋技术。这样的建造方式比较昂贵并且给当地居民生活带来许多不便。

20世纪50年代的车站大多是由彼得·塞尔辛（Peter Celsing）②设计的，他是斯德哥尔摩有轨电车（1948—1952）的主要设计者。瓷砖贴墙面的设计灵感来源于1930年典型时代风格的地下有轨电车车站——一种被称为"浴室建筑"的样式。车站与地面距离比较接近，大部分站台没有区别方向而分隔开的墙，整个车站都可以一览无余。除了弗里德海姆斯潘车站是一个例外，豪特盖特、拉德曼斯加都是20世纪50年代地铁车站的典型代表，如图6.17所示。

20世纪50年代的地铁修建在墙面材料上的多样性和各个车站各种不同的细节，导致全面整体的建筑风格缺失。瓷砖、煤渣和砖、清水泥、混凝土和天然石材形成了多样的混合，如图6.18所示。这基本的理念来源于功能至上主义者贡纳林恩。各站唯一保持一致的细节是门和栅栏（由IDESTA工厂制作），就连像标志牌这样重要的方面都没有保持一致。从20世纪50年代就开始，在地铁站厅内安置通风井来解决空气流通问题，但是并没有考虑光线和吸音等功能。

---

① 卡勒·洛登（Kalle Lodén, 1905—1944），瑞典画家、雕塑家和平面设计师。
② 彼得·塞尔辛（Peter Celsing, 1920—1974），瑞典现代主义建筑师。

第 6 章 瑞典斯德哥尔摩地铁及公共艺术设计　197

图 6.17　豪特盖特地铁站（20 世纪 50 年代）

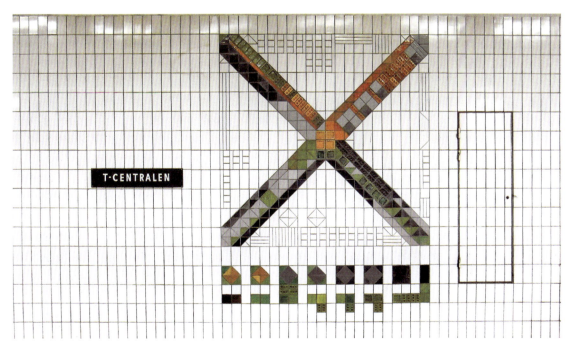

图 6.18　斯德哥尔摩地铁中央站的瓷砖壁画

八、艺术洞穴

斯德哥尔摩地铁中有些地质条件较好的车站，只在隧道拱部喷射混凝土。两侧边墙为裸露的岩石，在墙上安装一些彩色条带和装饰物作为点缀。充分利用岩石隧道，作为车站装修的主要手法。其做法是在喷射混凝土表面进行装饰，如图 6.19 所示。

在保留和暴露了岩石本体之后，在其表面进行了类似岩画的绘画创作，使得本来灰暗空旷而又压抑的地下空间里充满艺术的气息。当时人们构思着如何去装饰每个地铁站，后来决定让艺术家分别用自己的风格和艺术构思来装点各个站台。其艺术形式有壁画、雕塑、装饰、墙绘、马赛克拼贴、涂鸦等。

九、关于商业化

民众担心地下铁车站被粗暴的商业主义和广告所淹没，这直接促使必须让艺术家来参与地铁设计的议案确立。

以地铁中央站为先例，艺术在地铁中得到了小小的立足之地之后，引发了民众极大的热情，产生一致的热烈呼声——应该让更大比重艺术参与到地铁的建设当中。

因此在接下来新建设的站点内，墙面所有的广告都被拆除，代之以艺术化的设计。

图 6.19　国王花园地铁站的扶梯入口

第三节 斯德哥尔摩地铁的公共艺术

以斯德哥尔摩轨道部为主的官方，在最初对邀请艺术家来设计公共艺术并没有太大兴趣。当时情况是政治家们并不认可艺术以原生状态融入公众建筑的价值。事实上，他们对此抱有很大的怀疑，在他们的方案中，地铁内部唯一与艺术相关的部分就是广告。

建筑的内部装饰风格还持续着像卫生间一样的水泥墙面贴灰色瓷砖工程。而这种枯燥的环境最省力的办法只能通过广告来进行装饰，如图 6.20 所示。首先，没有广告的地铁被认为不够摩登，它没有诸如巴黎和伦敦等国际大都市的感觉；另外，从经济方面考虑，广告也是地铁运营中持续稳定的收入来源。

而早在地铁还未正式施工之前，瑞典相关的艺术期刊[①]上就已经有关于"艺术地下"的想法。如何提升乘客乘坐体验的愉悦感话题，已激发起相关人士的热议和思考。已经有一些呼吁艺术家与官方、建筑师、工程师之间进行密切的合作，创造浑然一体的艺术环境的呼声。因为，没有人想拥挤在封闭的地下 30 米中黑暗"管子"中实现每日通勤。

① Art and culture；The Art for people Society Journal，1949

艺术评论家奥洛夫·森斯特罗姆在《文化与艺术》中以"要艺术还是要广告？"为标题发出很多提问：如何将地下空间和综合运输系统变得更加舒适？如何使艺术在日常生活环境中取得一席之地？如何将 20 世纪 30 年代"艺术为人民"的口号变成现实？他在文章中指出：二战后的瑞典艺术家们已经充分意识到传统艺术活动的局限性，他们不再满足只将自己的作品悬挂在画室和画廊，他们希望拥有整面的墙和整个的房间。同时，日渐高涨的呼声要求艺术回到公共领域，并且呼吁艺术家创作出反映新问题的艺术和代表新需求的形式，如图 6.21 所示。

1955 年，两名瑞典艺术家就向斯德哥尔摩议会提交了两项用艺术装点地铁的议案，这份议案受到议会众多党派赞成，自那之后，艺术家便成了地铁建设团队的一部分。第一份艺术作品是由维拉·尼尔森和西里·德尔克特两位艺术家于 1957 年完成的。

政府聘请全球的知名艺术家结合建筑设计的特色，精心设计绘

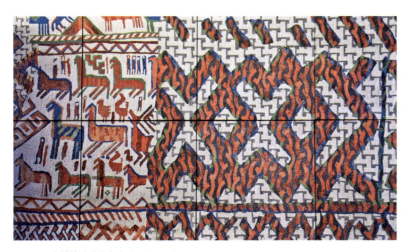

图 6.20　老城地铁站的瓷砖壁画（1999）

制了地下站点的公共艺术作品，使得斯德哥尔摩地铁成为世界上最长的艺术长廊。斯德哥尔摩政府推荐游客，要预留一天来浏览本市的地铁。购买一张斯德哥尔摩地铁票，就可以在大多数地铁站欣赏到从20世纪50年代到21世纪的雕塑、壁画、油画、装饰艺术、题词和浮雕。斯德哥尔摩地铁线110千米的长度，里面展示了成百上千位艺术家的作品。经过半个多世纪的发展，159位创作者的努力，才形成今天的面貌。

全城100多个站点中大约有90%已经被艺术作品所覆盖，各个站点以各种色彩鲜艳的壁画、镶嵌和浮雕等艺术形式来表现不同的主题，从关注环

图6.21　弗里德海姆斯潘地铁站厅壁画

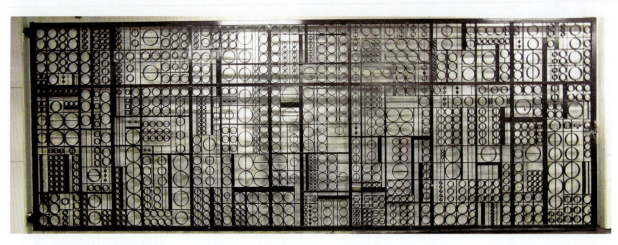

图6.22　玛丽亚盖特地铁站的铸铁装饰

境保护、世界和平、女权运动等主题到涉及社会各层面的日常生活应有尽有,各自形成一道具有独特装饰氛围的风景线——火红的岩石坑、蓝色的壁画、多色的彩虹,还有未来主义、波普艺术、抽象画派等现代艺术和儿童画风格,其风格之多,变化之丰富,也是令人称赞的(图6.23~图6.27)。

如今,充满了艺术味的斯德哥尔摩地铁,被人们认为不但体现了北欧人的审美情趣,也装载着他们的无尽创造力和对生活的热情,如图6.22所示。

图6.23 瑞典斯德哥尔摩地铁中央站瓷砖壁画(一)

图6.24 瑞典斯德哥尔摩地铁中央站瓷砖壁画(二)

图 6.25　瑞典斯德哥尔摩地铁站瓷砖壁画（三）

图 6.26　艺术家在地铁壁画的施工现场

图 6.27　斯德哥尔摩地铁站瓷砖壁画（四）

一、斯德哥尔摩地铁的早期艺术设计

绿线的地铁中央站好是20世纪50年代开始与艺术家合作设计的第一个车站。其他之前兴建的绿线车站，都是在80年代才增加的艺术设计。地铁中央站采用的壁画是由厄兰·麦兰顿[1]和本特·伊登福克[2]设计的作品《棱镜》。作品采用彩色玻璃拼贴的技术材料构成了抽象的具有现代感的壁画，此外，希瑞·德克特设计了湿法混凝土的柱子，如图6.28、图6.29所示。

---

[1] 厄兰·麦兰顿（Erland Anders Melanton，1916—1968），瑞典画家和平面艺术家。
[2] 本特·伊登福克（Bengt Edenfalk，1924—2016），瑞典玻璃设计师、画家、平面艺术家和雕塑家。

图6.28 厄兰·麦兰顿和本特·伊登福克设计的作品《棱镜》
图6.29 希瑞·德克特设计的柱子

二、20世纪60年代斯德哥尔摩地铁的公共艺术设计

红线的绝大部分是在20世纪60年代修建的。在岩石中炸隧道的技术从20世纪50年代开始就有了很好的发展。斯德哥尔摩的地下都是坚硬的岩石,爆破技术的发展使完全的地下施工变得比以往更快、更经济,并且对地面的影响更小了。20世纪60年代的大部分车站都是地下的,只有少数几个还在地上。车站里用混凝土覆盖住裸露的岩石表面从而营造出空间。

大多数车站从设计之初就考虑到加入艺术。车站和车站之间还开展了竞赛。像东马尔姆广场(Östermalmstorg)、玛丽亚盖特、霍恩斯特和马拉霍登等站从设计的第一天开始艺术家就参与其中。有些车站虽然是后期做的装饰,但是装饰非常具有60年代的时代风格,例如锌池站和阿斯普登站。东马尔姆广场站修建于冷战时期,当时这个车站还被设计成核战争的防空洞。

希瑞·德克特(Siri Derkert,1888—1973)是瑞典艺术史上为数不多的著名女艺术家之一,曾是瑞典妇女左翼联盟的领袖,如图6.30所示。她是一位创新的艺术家和激进的女权主义者。希瑞·德克特是一位具有强烈个人和表现主义风格的艺术家,她以其高度个人的表现主义风格和具有政治性质的巨大公共艺术作品而闻名。第二次世界大战后,她赢得了数场颇有社会影响力的公共艺术竞赛,并开始利用湿法混凝土绘画的新技术来进行公共艺术的创作。至此,德克特开始将她的观点和关注放在公共空间的墙壁,利用她的艺术来改变社会。如图6.31～图6.36所示。1962年,在她74岁时,代表瑞典参加威尼斯双年展。三年后,她在Östermalmstorg地铁站的混凝土上创作了145米长的浮雕作品《涨与落》。在79岁时,她又创作了"天然混凝土中的雕刻"《瑞典墙》(1967年),位于斯德哥尔摩瑞典之家的墙上。

她在东马尔姆广场站月台一侧的水泥墙面上绘制了145米巨型的艺术作品。作品涵盖了从政治题材到女权运动,画面中张嘴说话的女性们代表了女性该有话语权,德克特用粗犷的炭笔线条展现了女性权益、和平以及环境运动有关的想法。中心主题都出现在墙上。

使用特殊的喷砂技术,通过刻画在白色画面上的简洁黑色线条,希瑞·德克特成功地让地下的混凝土墙呈现出明亮的感觉。她的作品的永恒主题是女权、和平和环保,内容还包括《国际歌》《马赛曲》以及一些历史上著名的人物。

希瑞·德克特雕刻在东马尔姆广场站台的内墙上的是一些历史上女性主义的伟大女性和先驱的名字:法国作家、政治活动家、存在主义哲学家西蒙娜·德·波伏娃[①]和曾在亚历山大大学教授哲学

---

① 西蒙娜·德·波伏娃(Simone de Beauvoir,1908年1月9日—1986年4月14日),又译做西蒙·波娃瓦。法国存在主义作家,女权运动的创始人之一。

图6.30 Mälarhöjden 站希瑞·德克特创作《涨与落》1965年

图6.31 希瑞·德克特混凝土浮雕作品《涨与落》位于铁轨侧面墙壁

图6.32 希瑞·德克特混凝土浮雕作品《涨与落》局部 右上为作者签名

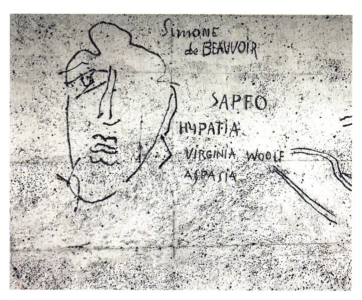

图6.33 希瑞·德克特混凝土浮雕作品《涨与落》女性肖像边有波伏娃和萨福的签名

和天文学的数学之母希帕蒂娅（Hypatia）；萨福①（Sappho），公元前5世纪抒情诗人，其作品集中表达激情和男女之爱。壁画上还写着20世纪最重要的现代主义者之一的英国女作家伍尔芙②的签名和她的格言："如果要写小说，女人必须有钱，有自己的房间"。

三、20世纪70年代斯德哥尔摩地铁的公共艺术设计

20世纪70年代混凝土喷浆式的"岩洞"公共艺术设计不再像60年代那样在岩石表面吊顶和进行贴面，而是在岩石表面喷射7～8 cm厚的混凝土喷浆。混凝土下的管子用于排水。喷射的好处是可以保留原有岩石的形状，让人产生车站是在岩洞里的错觉。马斯莫地铁站是第一个用这个方法建成的车站，1971年底完工，1972年投入使用。混凝土喷浆技术比以前的方法省钱很多，意味着可以有更多的经费用于艺术设计。

但是，像岩洞一样的车站引发了热烈的争论，有些人害怕这些地下洞穴让人产生有关地狱和其他恐怖事情的联想。因为这个原因，最初几个用这种方法建造的车站（例如马斯莫、体育馆和皇家理工）的天花板和一些墙壁被放置上了彩色的金属网，如图6.37所示。

① 萨福（Sappho，约前630或者612—约前592或者560），古希腊著名的女抒情诗人，一生写过不少情诗、婚歌、颂神诗、铭辞等。
② 艾德琳·弗吉尼亚·伍尔芙（Adeline Virginia Woolf，1882年1月25日—1941年3月28日），英国女作家、文学批评家和文学理论家，意识流文学代表人物，被誉为20世纪现代主义与女性主义的先锋。

图6.34 希瑞·德克特混凝土浮雕作品《涨与落》男子肖像分别是爱因斯坦和萨特还有他们的签名

图6.35 希瑞·德克特混凝土浮雕作品《涨与落》局部 音乐与舞蹈

图6.36 希瑞·德克特混凝土浮雕作品《涨与落》局部

图 6.37　马斯莫地铁站内安装的金属网

1. 体育馆（stadion）地铁站

体育馆地铁站由红线运营，位于东马尔姆广场站和技术研究所之间。该车站位于地下约 25 米处，于 1973 年 9 月 30 日开通。这里曾经是 1912 年奥运会建造的奥林匹克体育场馆所在地，如图 6.38 所示。

斯德哥尔摩交通艺术顾问委员会成立于 1971 年，当时承接的第一批工程就是体育馆地铁站和皇家理工地铁站。在此之前的斯德哥尔摩地铁站都是在天花板和两侧墙壁安装铁丝网，而体育馆地铁站的设计者阿克哈伦·佩林和恩诺·哈勒克大胆地舍弃了这个多余的装置，让洞穴直接显露出来，如图 6.39 所示。

阿克哈伦·佩林和恩诺·哈勒克以斯德哥尔摩奥林匹克体育场为主题进行艺术装饰。该站于 1973 年与皇家理工地铁站一起获得了卡斯帕·萨林奖①。

阿克哈伦·佩林（1933—2013）是瑞典画家、平面艺术家和雕塑家。阿克哈伦·佩林将清晰绚丽的色彩平衡为紧凑形式的个人诗意表达，并且具有严谨性。鉴于作品大多倾向于大规模的色彩表现，他经常被称为现代表现主义艺术家，但他作品中的理性成分和构成主义与超现实主义也有关系。

恩诺·哈勒克（Enno Hallek，1931—），出生于爱沙尼亚，是在瑞典发展的画家、雕塑家。他的作品中反复出现的图案是彩虹色标和日落，根据哈勒克的说法，这反映了他在海边的成长经历。

步入地铁最醒目的就是横跨站厅的彩色条纹，像蓝色天空中出现的七色彩虹一样象征着希望。除了巨大的彩虹图像之外，艺术家还在墙面安装了放大的运动奖章，并在铺地材料上嵌入了方向地标，如图 6.40 和图 6.41 所示。车站墙壁上装饰有巨大彩色箭头指向体育馆车站的南出口，同样多彩

---

① 卡斯帕·萨林（Kasper Salin）奖是瑞典历史最悠久、最知名的建筑奖项，每年由瑞典建筑师与设计师协会颁发给瑞典新建的建筑或一组建筑。

图 6.38 体育馆地铁站的岩洞灯光在金属网上安装

图 6.39 体育馆地铁站跨越穹顶的彩虹

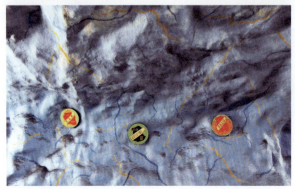

图 6.40 体育馆地铁站的运动奖章

图 6.41 体育馆地铁站方向地标

的手指出了南端体育馆地铁站的出路,如图6.40所示。"M",也可以解释为音符,指向北出口,以及Musikhögskolan(音乐学院)(图6.44)。"S"表示体育馆地铁站,被装饰成彩色具有箭头的蛇形(图6.43)。1912年奥运会的海报被放大贴在墙面画框宣传,如图6.45、图6.46所示。

2. 皇家理工(Tekniska Högskolan)地铁站

皇家理工地铁站位于体育馆站和大学站14号线(前24号线)之间。该站的名称是指瑞典皇家理工学院,开通于1973年,该站台位于地面以下18米处。该站艺术装饰由伦那特·莫克制作,主题是元素和自然规律,并与体育馆地铁站一起被授予1973年的卡斯帕·萨林奖。

伦那特·莫克(Lennart Mörk,1932—2007)是瑞典著名舞台设计师、服装设计师和公共艺术家。瑞典皇家戏剧院首席戏剧家马格努斯·佛罗林这样描述伦那特·莫克的艺术:"神话和现

图6.42 体育馆地铁站M型路标

图6.43 体育馆地铁站1912年斯德哥尔摩奥运会的海报

图6.44 体育馆地铁站座椅后的鲜花壁画

图 6.45　体育馆地铁站手型路标

图 6.46　体育馆地铁站 S 型路标

实,身体和心灵,梦想和文件,历史和日常生活,儿童和宇宙,驱动力和思想——一切都包含在伦那特·莫克的艺术中。"

车站内被主要涂成灰色和蓝色。艺术家用绘画和雕塑表达了科学与技术进步的主题。车站最引人注目的可能是位于站台上的五个正多面体,每个多面体代表柏拉图的五大元素之一:火,水,空气,土和以太[①]。车站内还可以找到哥白尼日心说、普尔海姆的机械字母、牛顿的三大运动定律以及达·芬奇创造飞行器等的痕迹。整个车站被设计得像一个遥远冰星球上的科学研究站。

皇家理工地铁站的其他场景如图6.47～图6.52所示。

---

① 以太或译为光以太,是古希腊哲学家亚里士多德所设想的一种物质,为五大元素之一。

图6.47 皇家理工地铁站的地面几何图示

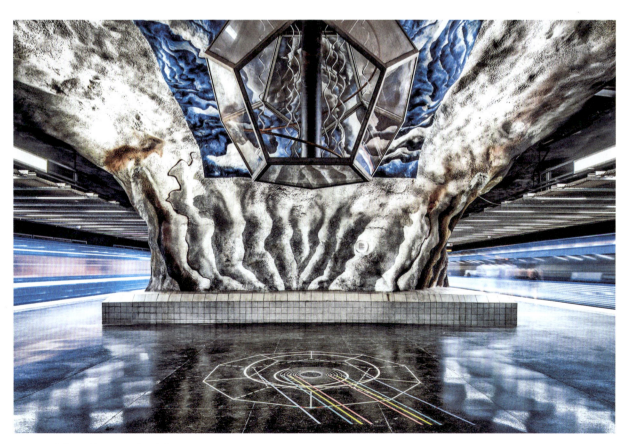

图6.48 皇家理工地铁站的五大元素装置(一)

图 6.49　皇家理工地铁站的五大元素装置（二）

图 6.50　皇家理工地铁站的五大元素装置（三）

图 6.51　皇家理工地铁站的五大元素装置（四）

图 6.52　皇家理工地铁站的五大元素装置（五）

3. 大学城（Universitetet）地铁站

大学城地铁站位于斯德哥尔摩市内的尤尔格丹区。该站于 1975 年 1 月 12 日投入使用，距离鲁森站 5.7 千米。该车站距离地面约 25 米，毗邻瑞典自然历史博物馆。

艺术家将穹顶保持岩洞状态，并将其刷成灰色（图 6.53），在垂直立面采用了各种不同色彩的瓷砖贴面的设计（图 6.54）。该站自 1997 年又由艺术家弗朗索瓦·沙因设计安装了关于《联合国宣言》的人权主题内容的陶瓷壁画（图 6.59）。

大学城地铁站其他场景如图 6.55～图 6.58 所示。

图 6.53 大学城地铁站灰色岩洞穹顶

图 6.54 大学城地铁站灰色岩洞和纯色的瓷砖贴面

图 6.55　大学城地铁站瓷砖壁画（一）

图 6.56　大学城地铁站瓷砖壁画（二）

图 6.57　大学城地铁站瓷砖壁画（三）

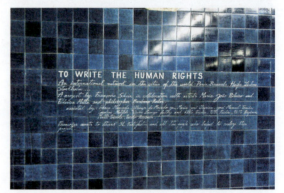

图 6.58　大学城地铁站瓷砖《人权宣言》壁画

图 6.59　弗朗索瓦·沙因设计的安全出口

4. 埃尔比（Alby）地铁站

埃尔比地铁站位于地下约24米处，它位于埃尔比地区，距离鲁森车站19.0千米。

艺术装饰由奥洛·恩格维斯特制作，并与车站同时落成。它由苔绿色混凝土墙上鲜艳色彩的彩绘花卉组成。车站内的长椅用了红色，和整个墙壁的绿色形成了鲜明的对比，如图6.61～图6.63、图6.65、图6.66所示。

奥洛·恩格维斯特（Olle'Ngkvist，1922—2006）是瑞典画家、平面艺术家、插图画家和雕塑家。他曾经在斯德哥尔摩大学的植物系工作，在20世纪七八十年代，奥洛·恩格维斯特主要绘制光学图像，他尝试了不同形式的表达，如文字和图像相结合，从画布和胶片中获得浮雕效果，如图6.64所示。

艺术家将车站设计成一个"秘密洞穴"，有一只凤凰破土而出，骄傲地扇动着火焰的翅膀，一只旁观的瓢虫开始着迷惑的探险。在这个异境之处开满了各色鲜艳的形态稚拙的花朵，撒播在穹顶和墙壁的各个地方。此外，还有用渐变颜色点组成的太阳象征，如图6.60所示。

奥洛·恩格维斯特说："我画这些形象时是用的玩耍的心态和淘气的小把戏，将所有的空间都占满了，不给广告留一点空间。我在墙上尽情享受绘画的乐趣，所有的部分都是随机作画的，没有做任何草稿。"

图6.60 埃尔比地铁站的壁画中的太阳

图 6.61 埃尔比地铁站的壁画（一）

图 6.62 埃尔比地铁站的壁画和红色长椅

图 6.63 埃尔比地铁站的壁画（二）

图 6.64 埃尔比地铁站的壁画局部的和平标志

第 6 章　瑞典斯德哥尔摩地铁及公共艺术设计　217

图 6.65　埃尔比地铁站的站台侧花卉壁画

图 6.66　埃尔比地铁站的红色长椅

5. 蓝线 地铁中央（T-Centralen）地铁站

地铁中央站由两个站台组成：一个用于绿线和红线，另一个用于蓝线。绿线和红线的车站于1957年11月24日开通。位于蓝线的地铁中央站外观和感觉与1957年开业的绿线和红线站非常不同，蓝线的车站于1975年8月31日开通，如图6.67所示。

地铁中央平时每天大约有22万乘客进出。市中心站有三层地下站台，分别位于地下8.5米、14米和26～32米处。从最深的蓝线站台换乘到红线、绿线站台的路线被划分为两段垂直方向的自动扶梯和一段水平的自动步道。

20世纪70年代启用的蓝线站台层，因为内壁和天花板是挖凿的岩壁组成，而形成了类似岩洞的景观效果。这是芬兰艺术家佩·奥洛夫·乌尔特维德在1974年时为通车的蓝线所设计的作品，而工人的图案则是他对参与地铁兴建人员所表示的敬意，如图6.68和图6.70所示。

佩·奥洛夫·乌尔特维德（1927—2006）于1938年来到瑞典，后来于1968—1978年在斯德哥尔摩皇家艺术学院担任教授，并于1978—1980年在那里担任校长。凭借其作品《木材中的机械结构》，乌尔特维德成为国际公认的瑞典艺术的最重要代表。他是20世纪60年代斯德哥尔摩摩德繁荣艺术圈的核心人物。

蓝线站厅的墙和顶几乎都是蓝色，在交通节点处绘有海底意象的壁画，如藤蔓般的植物图案从过厅周边向上生长，叶片有的硬朗有的柔美，枝条有

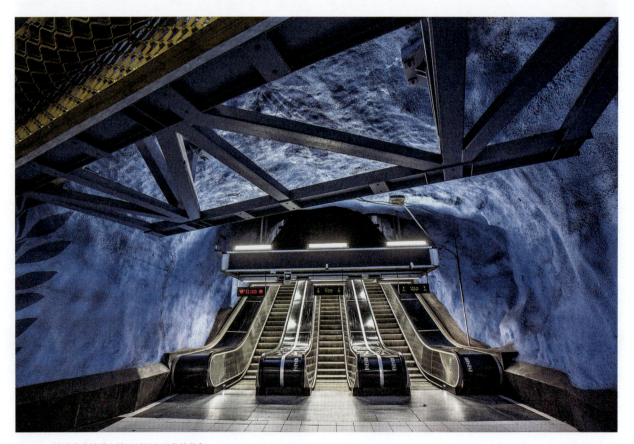

图6.67 地铁中央站进入地下时跃入眼帘的蓝色

的单根有的重叠。过厅的壁画是一首建设者之歌，白色的底子上有拿图纸的、安装灯具的、用电钻打孔的等一组组建设者的蓝色剪影。在水平自动步道上行和下行的右侧都有百米长 50 厘米高的抽象图案作品，深蓝的底子上跳动着纯色块，图案的节奏和变化丰富。蓝线选用蓝白主色调，不仅仅是为了突出"蓝线"，也是为了使匆忙赶路的人们放慢脚步，缓解紧张心情，释放压力，如图 6.71 和图 6.72 所示。

干净的蓝白色彩构成的图案给人的感觉很安静、很内敛、很温柔，但却拥有着无限的张力，这种生于安静中的强大力量让乘客在都市繁忙的交通换乘中，体验到轻松和宁静的心情，如图 6.68～图 6.70 所示。

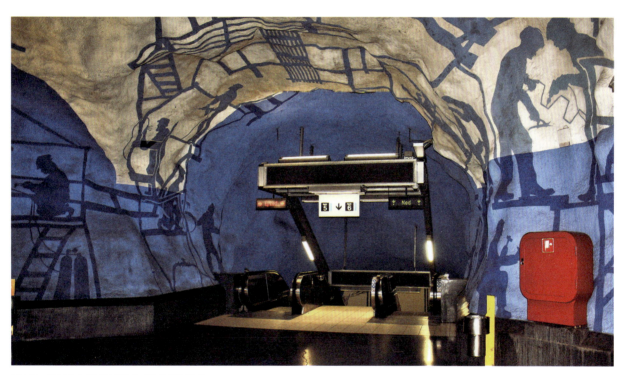

图 6.68　地铁中央站站厅劳动者工作情景的壁画

图 6.69　地铁中央站站厅白色穹顶壁画

图 6.70　地铁中央站站厅壁画施工现场

图 6.71　地铁中央站站台植物壁画穹顶

图 6.72　地铁中央站站台植物壁画柱子

6. 蓝线 索尔纳中心（Solna centrum）地铁站

索尔纳中心地铁站于 1975 年 8 月 31 日蓝线的第一期开放时开通。距离国王花园火车站 6.5 千米。它位于 Skytteholmsparken① 下方 27～36 米的岩石洞穴。索尔纳中心地铁站是整个城市地铁网络中第五个最深的地铁站，位于海平面以下 16.5 米。

安德斯·奥伯格和卡尔·欧尔夫·比约克在 1975 完成了整个车站的公共艺术创作：车站的天花板和墙壁涂有绿色和红色图案，表现了瑞典在 20 世纪 70 年代出现的各种环境与社会问题，并在站台安装了展柜来展示环保主题的装置。

除此之外还有红色和黑色的对决，伴随着陡直的进出站扶梯，灯光在这里扮演了重要的角色，渲染出奇异的氛围，如图 6.73 所示。

安德斯·奥伯格（Anders Åberg，1945—2018）是瑞典雕刻家、画家和插画师。他以其乡村房屋的木制雕塑而闻名，通常以模型的形式出现。

卡尔·欧尔夫·比约克（Karl-Olov Björk，1936— ）是瑞典艺术家。比约克在斯德哥尔摩的州立艺术学院和皇家艺术学院学习。在他的公共作品中，以汉斯·布拉斯克的木雕为代表作。

索尔纳中心站的墙上绘制了引人注目的红色夜

---
① 瑞典索尔纳的游乐场。

图 6.73 索尔纳中心地铁站扶梯

空下绵延着1 000米长的云杉林，上面描绘了瑞典20世纪70年代乡间典型的日落景观，如图6.74～图6.77所示。

壁画的主题是20世纪70年代人口最关注的一些问题：农村人口减少，环境、森林和自然被破坏等。象征日落的红色几乎布满了整个站厅，近地处为连绵不断的绿色山丘和森林。在乘客的重要视觉焦点处，布置了一些嵌入岩石的灯箱，展示珍贵的野生动物标本和不同类型的建筑模型，如图6.78和图6.79所示。

整整1 000米长的墨绿色冷杉生长在绯红色的炽烈天空下，反映的是当时突出的社会环境问题：

图6.74 索尔纳中心站站台的柱子

图6.75 索尔纳中心站的站台壁画局部

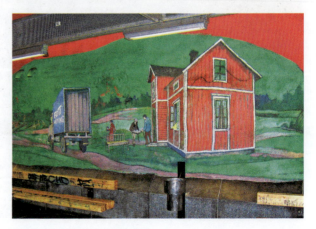

图6.76 索尔纳中心站的站台壁画

乡村人口减少，自然环境遭到破坏的现实。设计师使用森林、野生驼鹿的墙绘图案表达了对健康户外生活方式的向往。

本站的视觉冲击力很强，内容丰富。大片饱和的红和大片饱和的绿撞击出一个虚幻的视觉空间扑面而来。环保的主题美好突出，有日落时祥和的云彩瀑布，有工业化带来的浓烟污水，哪个更美好一目了然。

图 6.77　索尔纳中心站的站台一角

图 6.78　索尔纳中心站站台的装饰艺术（一）

图 6.79　索尔纳中心站站台的装饰艺术（二）

7. 尼克罗森（Nekrosen）地铁站

尼克罗森地铁站于 1975 年 8 月 31 日开通，距离蓝线国王花园车站的距离是 7.9 千米，如图 6.80 所示。

1973 年罗兰德[①]担任斯德哥尔摩地铁艺术顾问委员会工作组的主席。与此同时他提名了几位艺术家为西森林站（Västraskogen）、索尔纳中心、尼克罗森和红莓山（Hallonbergen）地铁站提供艺术方案，并决定采纳福尔克·萨缪尔森[②]和利兹·奥尔森·阿勒为尼克罗森地铁站提供的草图方案。

福尔克·萨缪尔森为尼克罗森地铁站提出了一个建议：绿色水磨石地板和模压雕塑模型以及天花板上镶嵌有彩绘玻璃的框架，就好像在温室内。工作组认为这有点冷淡和清晰。后来福尔克·萨缪尔森的提议在某种程度上在国王花园站实施。因此，车站的设计主要来自瑞典女艺术家利兹·奥尔森·阿勒。

尼克罗森车站名字的意思为"睡莲"。艺术家在地铁站的穹顶绘制了大量盛开的睡莲，并在下方接近地基的部分镶嵌了很多鹅卵石。除了鹅卵石，下方还镶嵌了很多陶瓷的小饰物。作者反转了空间，将池塘置于天顶，而河岸放在了下方，并在车站的地面用石头镶嵌和浮雕的形式，记录了 Gunnar Bjorling 一首关于永恒的诗歌，如图 6.81～图 6.83 所示。

① 罗兰德 RolandBjörnse，瑞典知名艺术评论家。
② 福尔克·萨缪尔森，(Ulrik Samuelson) 1935 年 2 月 23 日出生于诺尔雪平，是瑞典雕刻家、画家和教授。

图 6.80 尼克罗森地铁站的站台柱

在这个车站，人们可以看到关于剧本、石头、鹅卵石、壁炉、电影胶卷、照片等的展柜，如图 6.84～图 6.87 所示。所有这些展品来自位于附近的胶片（Filmstaden）电影厂。用这些道具使得观众回忆起 1920 年在这里出品的影片《合唱团》和 1968 年出品的影片《激情》。

图 6.81　站台柱子上镶嵌的鹅卵石

图 6.82　尼克罗森地铁站台天花板上的睡莲壁画

图 6.83　尼克罗森地铁站台地板上刻的诗歌

图 6.84　尼克罗森地铁站厅的艺术装饰（一）
图 6.85　尼克罗森地铁的艺术装饰（二）
图 6.86　尼克罗森地铁老电影剧照的展台
图 6.87　尼克罗森地铁反战图案的展台

8. 云客比（Rinkeby）地铁站

云客比地铁站是沿着蓝线的站。距离蓝线国王花园站点 12.3 千米。该站随着蓝线于 1975 年 8 月 31 日开通。

云客比地铁站的艺术装饰由三位艺术家尼赛·泽特伯格[1]、斯文·萨尔伯格[2]和莱纳特·克姆[3]执行。

艺术家的创作基于这个区域挖掘出的北欧海盗遗迹，将它们放大并以金色马赛克的形式在铁锈红石头墙上表现出来。

尼赛·泽特伯格的艺术作品包括砖红色的墙壁、金属装饰镶嵌和符号铭文，如图 6.88 所示。这些装饰是尼赛·泽特伯格从维京时代的古代考古发现中得到的灵感，这些发现是在云客比地铁站施工时在挖掘过程中出土的。然后，他将这些小型的考古发现放大到墙壁上做成大型马赛克，这些马赛克散落在铁锈红色的岩壁上闪闪发光，如图 6.90 和图 6.91 所示。

在中央站台中，斯文·萨尔伯格创作了一个镀金金属雕塑，像一个巨大的金色太阳一样悬挂着。它的桨状花瓣，让人想起古老的水上之旅，如图 6.92 所示。

在轨道墙上有莱纳特·克姆的绘画，鸟儿在火车的方向飞行。本站大量地采用了装饰艺术，在斯德哥尔摩地铁里面是比较少见的。可能是这站比较偏远，人比较少，有条件实现装饰艺术，如图 6.89 所示。

---

[1] 尼赛·泽特伯格（Nisse Zetterberg，1910—1986），瑞典画家、插图画家和瑞典美术学院壁画系主任。
[2] 斯文·萨尔伯格（Sven Sahlberg，1909—2008），瑞典画家和雕塑家。
[3] 莱纳特·克姆（Lennart Gram，1910—1996），瑞典画家。

图 6.88 云客比地铁站砖红色洞穴

图 6.89 莱纳特·克姆的绘画装饰

图 6.90 尼赛·泽特伯的马赛克壁画

图 6.91 尼赛·泽特伯的马赛克装饰

图 6.92 斯文·萨尔伯格的镀金金属雕塑

9. 坦斯达（Tensta）地铁站

坦斯达站是位于蓝线上的车站，于1975年8月31日投入使用，当时蓝线已经落成。该站台位于地下20～22米处，是岩洞式站台，如图6.93所示。该站的公共艺术装饰由安娜·海尔格[①]完成。

安娜·海尔格的设计是为那些居住在这里的居民而作，他们大部分都是国外的移民。地铁站的背景是白色。在这个地铁站我们可以发现冷杉树林、史前动物，采用手绘方式做出剪贴喷绘的效果。还可以发现排成一排的小鸟的雕塑，在铁轨侧的墙壁上还写着汉斯·帕尔姆斯图纳[②]的名言："我们必须建设一个适合居住的世界，适合我们自己和将来的子孙们。"

五颜六色的招贴牌，像游乐园一般幽默而欢乐，这是一个充满了稚嫩的线条和天真的画风的地铁站。在地铁的地面上，冷杉、星星、树木等的涂鸦形象刻在了水磨石上。墙体表面绘制了很多涂鸦的图画、文字和诗歌，数种国家的语言，以及动物图片和鲜花。在站台之间，鸟儿坐在架子上，车站的设计充满了想象力和童趣，如图6.94～图6.99所示。

[①] 安娜·海尔格（Helga Henschen，1917—2002），瑞典画家、作家和儿童插图画家。
[②] 汉斯·帕尔姆斯图纳（Hans Palmstuerna，1927—1975），瑞典著名化学家和环境保护者，瑞典关于气候保护问题的第一人。

图6.93 坦斯达地铁站的站台天顶壁画

图 6.94 坦斯达地铁站的站台柱子(一)

图 6.95 坦斯达地铁站站台内一排小鸟的雕塑

图 6.96 坦斯达地铁站的站台壁画(一)

图 6.97 坦斯达地铁站的站台柱子(二)

图 6.98 坦斯达地铁站的站台壁画(二)

图 6.99 轨道侧墙壁上的文字装置,上面用各种文字写着"团结"等字样

10. 西林（Västra skogen）地铁站

西林地铁站是蓝线上的一站，于1975年8月31日投入使用。该站有三个轨道和两个站台。这里有斯德哥尔摩地铁乃至瑞典境内最长的自动扶梯，长66米，高33米，如图6.100和图6.101所示。车站的艺术品由艺术家罗尔夫·林德布洛姆创作，并与车站同时落成。

罗尔夫·林德布洛姆（Rolf Lindblom, 1931—），瑞典雕塑家、画家和舞台设计师。罗尔夫·林德布洛姆曾经是建筑师西格德·莱韦伦兹[①]的雇员。他的早期作品受罗丹的强烈启发。在20世纪60年代，他尝试了用自己脸的形态进行抽象设计，这成为后来几十年中作品创意的基础，具有装饰和建筑元素，如图6.105所示。他曾与阿恩·琼斯[②]一起在1968年代表瑞典参加威尼斯双年展。

林德布洛姆对西林地铁站的装饰命名为《空无》（Ingenting Skogen）。作品的主题具有强烈的神秘主义，这是一个异常大的地铁站，有不寻常的解决方案（例如，站台之间的走道），如图6.102～图6.104所示。

随着那些闪亮的钢色自动扶梯上升到岩洞，它的外观有些像未来派电影，地铁内部看起来像小行星。与其他大多数站台相比，西林地铁站并没有太多明亮的颜色。在站台的中间部分是以林德布洛姆标志性的侧脸符号设计的巨大雕塑。

沿着墙壁和站台边缘，连续的瓷砖图案的鲜艳纯色成为这个车站的亮点。此外，在车站不同的地方可以找到很多艺术家自己的个人资料。

西林地铁站的其他场景如图6.106～图6.108所示。

[①] 西格德·莱韦伦兹（Sigurd Lewerentz, 1885—1975），瑞典建筑师，是瑞典最受国际赞誉的建筑师之一。
[②] 阿恩·琼斯（Arne Jones, 1914—1976），瑞典的艺术家。琼斯旨在将艺术传播到公共环境中。他的雕塑由一个基本型通过不同的方式建立和变化。他通常选取富于诗意的古典主义的材料，将现代材料与经典主题相结合。

图6.100　西林地铁站自动扶梯入口

图 6.101　西林地铁站超长的自动扶梯

图 6.102　西林地铁站的站厅通道

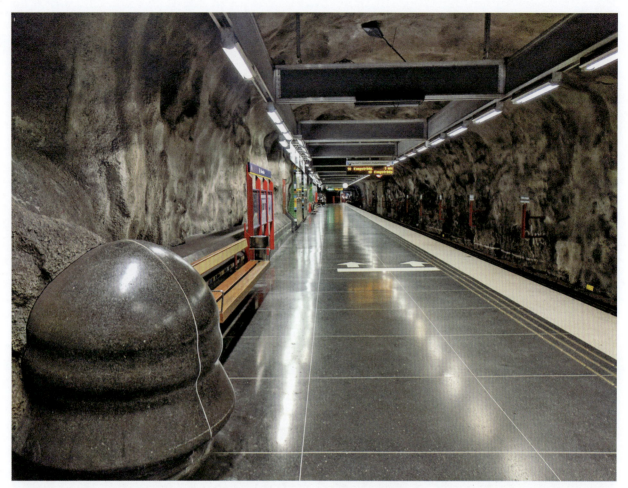

图 6.103　西林地铁站的石雕装饰（一）

图 6.104　西林地铁站的石雕装饰（二）

图 6.105　西林地铁站台的站瓷砖壁画（一）

图 6.106　西林地铁站站台中间彩色栏杆隔断

图 6.107　西林地铁站的站台瓷砖壁画（二）

图 6.108　西林地铁站的站台瓷砖壁画（三）

11. 蓝线　市政大厅地铁站

市政大厅地铁站位于市政厅下方 27 米处，距离金斯克利夫酒店下方 46 米。该站是整个地铁网络中第四深的站，在海平面下 20.5 米。于 1975 年开通。

车站内部的艺术装饰来自斯德哥尔摩国王岛区的一些历史细节。在东部入口处有一个柱状物，在站台上展现了一个古老的村庄、一个烟囱基础、一个木桩、篮子和一个 17 世纪的门户，如图 6.109 和图 6.110 所示。

西格瓦德·奥尔森（Sigvard Olsson, 1936—）是瑞典插画家、画家、舞台设计师和剧作家。在纽约，他开始接触抽象表现主义并受其启发，他曾在伦敦大学斯莱德美术学院学习。1970 年左右，他创作了许多著名的海报，包括南美政治活动家切·格瓦拉和雨果·布兰科。

艺术家在粉红的洞穴里虚构了国王岛历史的记忆：烟囱底座、来自国王岛市场的篮子、一些被遗忘了的皮草和优雅建筑的模型。巨大的不对称柱子是市政大厅地铁站最明显的标志。进站的长扶梯像时光隧道把乘客带进历史之中。这是一场古老与现代碰撞的争论，也是过去与未来融合的谈话，如图 6.111 和图 6.112 所示。

图 6.109　市政大厅地铁站自动扶梯入口的不对称柱子

图 6.110　市政大厅地铁站的站台

图 6.111　市政大厅地铁站站台的洞穴

图 6.112　市政大厅地铁站自动扶梯

12. 蓝线 国王花园（Kungsträdgården）地铁站

国王花园地铁站坐落在诺尔马尔姆区，该区是斯德哥尔摩市中心。该站是蓝线上10号线和11号线的终点站，就在地铁中央站前。该站位于雅各教堂和军器厂街的皇家园林下方。该站及其西入口于1977年10月30日落成，成为地铁网络的第91站。它位于地下约34米的岩洞中，因此是斯德哥尔摩最低的地铁站，如图6.113和图6.114所示。

国王花园站始建成于1977年，于1987年增补设计。除了Kista站外几乎所有蓝线站台都建在地下20～30米深处，该站是瑞典著名建筑师罗尔夫·林德布洛姆和艺术家尤里克·萨缪尔森精心合作的成果。

尤里克·萨缪尔森（Ulrik Samuelson，1935—）是瑞典雕刻家、画家和教授。他于1978—1986年在斯德哥尔摩设计了国王花园地铁站。在20世纪90年代，萨缪尔森以一种富有表现力的自然绘画回归架上绘画，如图6.115所示。从观念上讲，他的抽象艺术是与瑞典和国际艺术史的密集对话。1998年，他被授予卡内基艺术奖。

国王花园地铁站周围有皇家花园、皇家歌剧院等很多名胜古迹，所以艺术家将这座车站变成了描绘国王花园历史的地下花园。地下站厅通过雕塑、浮雕、铁艺等多种手段来传达历史信息。军器厂街（Arsenalsgatan）出口有一些曾经属于国家艺术博物馆的考古挖掘文物，斯德哥尔摩的罗马广场古老

图6.113 国王花园地铁站的站厅

的柱子和一些碎片。在那里还能看到托斯加坦古城区的煤气灯和无名的建筑遗迹。国王花园站的艺术形式极其丰富，包括雕塑、绘画和园艺，甚至考古遗迹，如图 6.116 所示。

国王花园站的设计理念要追溯到查尔斯十三世国王拥有的花园。绿色条纹象征巴洛克式绿色花园；红色代表碎石小路；白色则是曾经放置在宫殿的大理石雕像，位置就在现在的地铁站上面。

设计师保留了曾经的考古发掘现场，竖立在街道两旁的街灯，古老宫殿残留下来的大理石圆柱和石雕，以及充满风霜痕迹的老物件，如今都用另一种载体形式陈列在这里，在见证历史的同时，更呈现了当代艺术的创意。

由于该站位于市中心，站台两端合适的地面出口离地下站厅的水平距离和垂直距离都比较大，如何既保证方便快捷，又让乘客不因距离太长而感到单调乏味？

设计师把垂直路段分为两段，每段空间都做转折处理，转折处形成两段大约 50 米长的特别处理的空间，一段以五彩的招贴墙、洞顶壁画和螺旋柱为特色，另一段以精心设计的地下庭院为视觉焦点，如图 6.117 所示。

图 6.114　地铁通道

图 6.115 国王花园地铁站天花板的镶嵌式彩绘

图 6.116 国王花园地铁站的装饰性柱头

图 6.117 国王花园地铁站的扶梯入口

13. 阿卡拉（Akalla）地铁站

阿卡拉地铁站是蓝线 11 号线最北边的终点站，1977 年 6 月 5 日投入使用。它位于距离地面 20 米的岩石隧道中，如图 6.118 所示。

车站的墙壁涂成黄色，装饰着由艺术家比吉斯塔赫·尼伯格（BirgitStåhl-Nyberg，1928—1982）在 1975—1977 年制作的六幅陶瓷壁画，这些画作表现了一些男人女人运动、工作和生活的状态，如图 6.119～图 6.126 所示。

比吉斯塔赫·尼伯格是瑞典画家和插图画家。她的艺术形式受到莱热绘画启发，具有强烈的社会现实主义特征。

图 6.118 阿卡拉地铁站的站台景观

图 6.119 阿卡拉地铁站的陶瓷壁画（一）

图 6.120 阿卡拉地铁站的陶瓷壁画（二）

图 6.121　阿卡拉地铁站的站厅

图 6.122　阿卡拉地铁站的陶瓷壁画（三）

图 6.123　阿卡拉地铁站的陶瓷壁画（四）

图 6.124 阿卡拉地铁站的站台

图 6.125 阿卡拉地铁站的陶瓷壁画（五）

图 6.126 阿卡拉地铁站的陶瓷壁画（六）

四、20世纪80年代斯德哥尔摩地铁的公共艺术设计

20世纪80年代开放了五个新的洞穴站台,其中四个被称为"喇叭站台"。喇叭站只有一个入口,形状逐渐变窄。较深的车站有三部自动扶梯和一部电梯。这意味着站的一端是宽的,另一端可能相当狭窄,这个空间就需要有站台之间的中央墙承重,使整个车站成为独立、开放的喇叭形。

20世纪80年代,艺术家在地铁刚刚开始规划的时候就参与其中,并在早期阶段密切地与建筑师和工程师合作设计整体环境。"喇叭站台"包括胡夫达斯塔(Huvudsta)、弗雷滕(Vreten)、杜沃(Duvbo)和里斯内(Rissne)站。而松德比贝里中心在20世纪80年代修建,但以70年代车站同样的方式设计:有两个入口和中央承重中心墙。

在20世纪80年代,一些50年代的地下车站(如Rådmansgatan)和地上车站(如Bandhagen和Blackeberg)也重新进行了艺术装饰。

1. 索尔纳海滩(Solna Strand)地铁站

索尔纳海滩地铁站原名Vreten,坐落在索尔纳市,蓝线地铁的国会大厦和松德比贝里中心车站之间。1985年8月19日开始投入使用,距离国王花园车站6.2千米。该车站位于地下28米的岩石洞穴中。该站由日籍艺术家樽叶隆设计公共艺术方案,作品的名称叫做《立方体的天空》(1985)。

艺术品由入口处的黑色立方体和站内蓝色立方体组成,站台上的原始灰色岩墙壁镶嵌着云的立方体。艺术家在地铁站灰暗空旷却又略显压抑的常规空间里,展开一场与云朵和天空捉迷藏的游戏,把白云打散在各个角落中,它用反常规的反向思维象征着天空如何被带到地面下的站台上,黑色隧道被提升到了地面上光线中,如图6.127~图6.129所示。

松德比贝里中心是蓝线上的一个地铁站,于

图6.127 索尔纳海滩地铁站站台上的蓝色立方体装置(一)

图 6.128　索尔纳海滩地铁站车站地面上的黑色立方体装置

图 6.129　索尔纳海滩地铁站站台上的蓝色立方体装置（二）

2. 松德比贝里中心（Stdshager）地铁站

1985年8月19日投入使用，距离斯德哥尔摩蓝线终点国王花园站是8.3千米。它位于地下26米的岩石洞穴。

从草图到完成，花了七年的时间（1978—1985年），在松德比贝里中心站，当地艺术家拉尔斯·克伦（Lars Kleenf）的设计是为了纪念这座城市的工业历史和建筑工程。在车站设计了六座体现松德比贝里历史与未来的雕塑建筑。在中间的拱门上悬挂着船的木架。拉尔斯·克伦从艺术家的角度来进述这个城市的故事，和雕塑一起集中展示了很多其他的建筑工艺：贴砖、金工、木工等。通过房屋建筑，揭示了城市的历史和未来，如图6.130和图6.131所示。

作品在地下空间表达了对扎实的工艺技巧和对材料、建筑特质的致敬。工匠的工艺被显示在从长长的地板上升起的天花板上。在这里，旧屋顶的木质拱形结构变成了一个宏伟的雕塑，石匠们的技艺传达到花岗石立面上。彼得·蒂尔伯格（Peter Tillberg）和迈克尔·索德隆德（MichaelSöderlundh）制作了用来装饰墙壁的画作。但是随着时间的推移，他们的部分作品被取代。克伦的以附近建筑为题材的外墙装饰，给车站带来了超现实的感觉。

图6.130　松德比贝里中心站站台内建筑屋顶装置

图6.131　松德比贝里中心站站台的抽象屋顶装置

3. 阿克萨贝里（Axelsberg）地铁站

阿克萨贝里地铁是红线上的一站，位于斯德哥尔摩南部郊区，于1965年开通。

1983年，车站增加了一组雕塑作品。由瑞典雕塑家雷夫波尔特、韦恩·约翰逊、侬摩登和约斯塔韦塞尔将车站的名字"Axeslberg"中的8个字母制成了3～4米高的玻璃、混凝土、石头或金属等多种材料组成的雕塑。此外，在坡道和升降墙的斜坡上镶嵌着黑色花岗岩的墙壁，如图6.132～图6.139所示。

图6.132 阿克萨贝里地铁站

图6.133 阿克萨贝里地铁站的"L"造型作品

图6.134 阿克萨贝里地铁站的"G"造型作品

图 6.135　阿克萨贝里地铁站的"R"造型作品

图 6.136　阿克萨贝里地铁站的"A"造型作品

图 6.137　阿克萨贝里地铁站的"B"造型作品

图 6.138　阿克萨贝里地铁站的"S"造型作品

图 6.139　阿克萨贝里地铁站的"X"造型作品

4. 邦德海根（Bandhagen）地铁站

邦德海根地铁站位于斯德哥尔摩地铁绿线，于 1954 年 11 月 22 日落成，距离 Slussen6.5 千米。

1983 年，丹麦艺术家弗莱迪·弗里克在车站月台中间竖立了一块由厄兰岛带来的大石头。在它周围，安装了一把巨大的尺子，这给人一种通过车站并被一直引导至入口的幻觉。这把尺子是由木头制成的，原来是原木的黄色。后来在 1987 年，它被铜片覆盖了起来，如图 6.140～图 6.142 所示。

图 6.140　弗莱迪·弗里克的雕塑装饰（一）

图 6.141　邦德海根地铁站的雕塑装饰的尺子

图 6.142　弗莱迪·弗里克的雕塑装饰（二）

5. 法官街（Rädmansgatan）地铁站

法官街地铁站是绿线的站点，1952 年投入使用。1983 年艺术家斯托·尼尔森在行人通道一侧陈设了表现剧作家奥古斯特·斯特林堡的肖像画。材料选择的是搪瓷钢板。主要的作品描绘了奥古斯特·斯特林堡在一个红色背景前面，这个图像代表了剧作者饱受忧郁症与偏执狂症状折磨的"地狱危机"，这个危机促使了《炼狱》系列的著作在 1897 年的诞生，如图 6.143～图 6.145 所示。

图 6.143　法官街地铁站的站厅

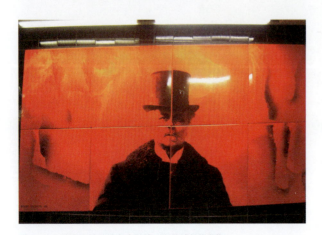

图 6.144　法官街地铁站奥古斯特·斯特林堡的肖像

图 6.145　法官街地铁站建筑的图像隐藏着奥古斯特·斯特林堡的头像

五、20 世纪 90 年代斯德哥尔摩地铁的公共艺术设计

20 世纪 90 年代斯德哥尔摩建设了两个新的车站：巴格马索森（Bagarmossen）和斯卡普纳克（Skarpnäck）。

它们都是开放式月台的洞穴式车站，它们之间没有分隔的岩壁。灯光和标志悬挂在铁轨上，增强了灯光和开放的印象。在巴格马索森站和斯卡普纳克站的公共艺术和建筑，从建筑设计之初就开始了建筑师与艺术家之间的合作，进行了使建筑和艺术互相融合的一体化设计。

图 6.146　索肯广场站的《愚人之船》（一）
图 6.147　索肯广场站的《愚人之船》（二）

20 世纪 90 年代，人们更注重老车站的改造（更舒适的入口、电梯、新瓷砖墙），特别是在绿色和红色的线路上，大部分车站都在进行翻新。作为翻新工作的一部分，车站也重新设计并更新了艺术作品。

公共艺术对于轨道交通车站的功能就是给每个站增加自己的特色，使得乘客易于区分各个站，否则看上去很相似。艺术化处理通常包括重新装饰售票大厅和楼梯，或直接安装新的雕塑作品。

索肯广场站（Sockenplan）由雕塑家斯特·克林（Sture Collin）在 1990 年制作了《愚人之船》，用三维媒介的艺术形式表达了人类曾经以为地球是平面的假说，表达了在由一群没有理性的执着之人作为舵手时的人性的恐慌，如图 6.146 和图 6.147 所示。

1997 年开始，斯德哥尔摩公共交通局每周都会为游客提供导览服务，为乘客讲解地铁建筑、艺术作品以及背后的艺术家的故事。讲解是免费的，只需要买一张地铁票就行。每年夏天，还有英文的讲解服务。

1. 斯卡普纳克 (Skarpnäck) 地铁站

斯卡普纳克地铁站是绿线的终点站，也是所有地铁的最东端。该站于 1994 年 8 月 15 日落成，这是斯德哥尔摩的第 100 个地铁站。

车站的艺术装饰由理查德·诺纳斯（Richard Nonas，1936—）设计的由灰色花岗岩雕刻成的 17 个雕塑椅子组成。

理查德·诺纳斯出生于纽约，是美国雕塑家和装饰艺术家。站内岩石的表面被涂成红色，灵感来源于斯卡普纳克的砖建筑，地板平铺了红色地砖。艺术家设计了 17 个板凳状雕塑安置在站台中央，摆成一排放置在月台上，如图 6.148～图 6.150 所示。

图 6.148　斯卡普纳克地铁站台（一）

图 6.149　斯卡普纳克地铁站自动扶梯入口

图 6.150　斯卡普纳克地铁站台（二）

2. 巴格马索森（Bagarmossen）地铁站

巴格马索森地铁站是绿线站点，距离鲁森车站 6.6 千米。最初的火车站于 1958 年 11 月 18 日落成，后来在 1994 年翻新。

新车站于 1994 年 8 月 15 日落成，位于地下 19 米的岩石层。该车站采用浅灰色基调，拥有 114 块透明玻璃板和哥特·库马斯的艺术装饰，如图 6.151 和图 6.152 所示。

哥特·库马斯（Gert Olof Marcus, 1914—2008）出生于德国，在斯德哥尔摩逝世，是活跃在瑞典的德国画家和雕塑家，一生中在瑞典和欧洲创作过众多的公共艺术作品。

图 6.151 巴格马索森地铁站的站台

图 6.152 巴格马索森地铁站站台的玻璃装饰

3. 斯韦德米拉（Svedmyra）地铁站

斯韦德米拉地铁站是绿线上的站点，于1951年9月9日落成，并在户外设有平台。1991年，艺术家托尔尼·拉尔森（Torgny Larsson）和勃罗·约翰森（Barbro Johansson）设计了让人联想到附近的树林和温室的艺术作品。

托尔尼·拉尔森在站台上制作了一个40米长的玻璃屏幕，在这40米长的玻璃屏幕上展示了发现在斯德哥尔摩地区的树叶图像。午后阳光透过彩色玻璃，就像拿着树叶对着太阳看到的叶脉，如图6.153和图6.154所示。

同年，勃罗·约翰森在墙上装饰了陶瓷壁砖。电梯的墙贴成了波浪形的绿色拱形石头，如图6.156所示。

2012年，艺术装饰得到了补充，托尔尼·拉尔森又在售票大厅设计了马赛克镶嵌壁画墙，如图6.155所示。

图6.153　斯韦德米拉地铁站托尔尼·拉尔森的玻璃壁画（一）
图6.154　斯韦德米拉地铁站托尔尼·拉尔森的玻璃壁画（二）

图 6.155　斯韦德米拉地铁站里托尔尼·拉尔森设计的马赛克镶嵌壁画

图 6.156　斯韦德米拉地铁站里勃罗·约翰森设计的陶瓷墙

六、21 世纪初期斯德哥尔摩地铁的公共艺术设计

在 21 世纪的第一个十年中,斯德哥尔摩没有兴建其他新的地铁线和增加新的站点。然而,斯德哥尔摩地铁的艺术却没有停滞不前,更新或添加了很多艺术作品。在一些不太知名的站点也策划和安置了很大的艺术项目。

就像在 20 世纪 90 年代一样,艺术家在一些老车站重新设计艺术品,主要包括罗斯塔(Råcksta)、豪格达伦(Högdalen)和利尔霍尔曼(Liljeholmen)这三个车站,其他一些车站也需要替换或增加。这项工作目前在松德比贝里中心和丹德医院(Danderyds sjukhus)已经完成。在 2001 年,网线内的圣母草坪站(Fruängen)和法斯塔站(Farsta)大量更新了车站的艺术作品。这意味着像圣母草坪站和法斯塔站那样的老车站也得到了艺术创新。

艺术家穆尔(Muhr)这样描述豪格达伦站:这是一个被遗忘的车站,一边是公园,另一边是马路。除了上下班高峰时间以外,这里特别偏僻,风又大,到了晚上给人的感觉更差。

穆尔参与到一项为豪格达伦车站创作雕塑的竞赛中时,她才发现这个车站的孤寂和萧索。于是艺术家希望乘客看到这些作品时能够会心一笑,哪怕只有一刻的开心也好,如图 6.157~图 6.159 所示。

圣母草坪站(Fruängen)由艺术家弗雷德里克·兰德格伦(Fredrik Landergren)在 2005 年设计了一个大型图像艺术品。走在楼梯上的乘客会在不经意间受到一个巨大的儿童画像严肃的注视。这张画一开始只是很小的一件作品,之后它被转化成 2.5 米 ×3 米玻璃马赛克的作品,如图 6.160 所示。

弗雷德里克·兰德格伦(Fredrik Landergren,1957—)是一位瑞典艺术家,主要关注绘画以及公共艺术设计,他也进行音乐创作。与公共艺术设计合作时他最常用的材料是马赛克、瓷砖和珐琅。

在圣母草坪站,玻璃马赛克作品被安置在一个怀旧的桌布格子图案的墙面上。车站的外面,也安置了艺术家创作的另外七个大型玻璃马赛克脸的艺术作品。这个系列的作品名字叫做《人类生命之脸》,如图 6.161 所示。

2017 年完工的城市运输地铁站(Citybanan)是斯德哥尔摩通勤列车的新轨道站点,将地铁中央站与奥丁广场连接起来,新的站台由 14 位艺术家在车站上完成了公共艺术。从奥丁广场西面入口走廊的天花板垂下来,《生命线》是城市运输地铁站最引人注目的作品之一,如图 6.162 和图 6.163 所示。

大卫·斯文森(David Svensson)的作品由锯齿状的白色荧光灯组成,在金属型材的隧道中闪闪发光。显然,总共 400 米的暖白色 LED 照明具有实用的目的,也是个性化的艺术装饰,代表了繁忙的斯德哥尔摩车站的城市生活脉搏。

图 6.157　豪格达伦站的青铜雕塑《郁金香》(一)　穆尔

图 6.158　豪格达伦站的青铜雕塑《郁金香》(二)　穆尔

图 6.159　豪格达伦站的青铜雕塑《郁金香》(三)　穆尔

灯光的形状灵感来自艺术家儿子的心跳，如 CTG 显示器在分娩期间所示。他介绍说：作品的出发点是 2012 年夏天我儿子的出生，以及他在分娩前的脉搏。显示孩子脉搏的闪亮线条成为生活的隐喻。彼此相关的不同线条变得像一种地景的等高线，形成一大片 350 平方米的光源群。

斯德哥尔摩的地铁站是当之无愧的世界上最大地铁艺术博物馆。这里的车站会让我们以为自己走进了一个个艺术画廊，每一站都有各自不同的意境，给人不同的艺术震撼。

地铁站不再仅仅是交通工具的枢纽站，更多的是在地铁站融入中西方各色文化的底蕴与内涵，让地铁站变成具有浓厚地方特色、历史文化特色的地标。斯德哥尔摩地铁事实证明，当地铁站被赋予当地的文化特色并经创意设计改造之后，着实可以成为城市中的旅游景点之一。

图 6.160 圣母草坪地铁站的马赛克壁画 弗雷德里克·兰德格伦

图 6.161 马赛克壁画《人类生命之脸》 弗雷德里克·兰德格伦

图 6.162　城市运输地铁站的《生命线》（一）　大卫·斯文森

图 6.163　城市运输地铁站的《生命线》（二）　大卫·斯文森

第7章 意大利那不勒斯地铁的公共艺术

第一节　那不勒斯的地铁

那不勒斯是意大利南部第一大城市，坎帕尼亚大区以及那不勒斯省的首府。位于那不勒斯湾的北岸，其东西两侧分别是两个火山区域：维苏威火山和坎皮佛莱格瑞火山区。城市面积 117 平方千米。那不勒斯都会区有大约 380 万人口，是仅次于米兰和罗马的意大利第三大都会区和欧洲第 15 大都会区。那不勒斯地区也是意大利人口最稠密的地方之一。

那不勒斯始建于公元前 600 年，以其丰富的历史、文化、艺术而著称，那不勒斯历史中心被联合国教科文组织列为世界文化遗产。

那不勒斯的艺术不仅拥有丰富的历史，同样也是现代艺术重要的实验室和国际窗口。该市的两个现代艺术博物馆相当活跃：那不勒斯艺术官和唐纳雷吉纳当代艺术博物馆。前者于 2005 年开设在一座 18 世纪建筑罗切拉官内，举办各种流派艺术作品的展出活动。后者位于圣母玛利亚修女院（唐纳雷吉纳），由阿尔巴多·西萨加以改建，收藏当代艺术的永久藏品。

那不勒斯的地铁车站不仅是交通运输场所，而且被设计成马里奥·梅尔茨①等国际知

---

① 马里奥·梅尔茨（Mario Merz, 1925—2003），贫穷艺术的领头人物，通过观察自己周围的世界，梅尔茨对雕塑的种种可能性进行了反复思考。他的雕塑作品同时还回应了构成我们自然环境的各种体系，比如数学上的斐波纳契数列（即黄金分割数列）等。

名艺术家作品的展示场所。现在那不勒斯每年圣诞节期间形成一个传统：聘请米莫·帕拉迪诺②、理查德·塞拉③、丽贝卡·合恩④、路齐亚诺·法布罗⑤等国际知名艺术家来用当代艺术品布置普雷比席特广场。

那不勒斯地铁是意大利那不勒斯市的城市轨道交通系统。那不勒斯地铁现有两条线路：1 号线和 6 号线。一共 23 座车站，全长 20.3 千米。那不勒斯地铁 1 号线始建于 1986 年，1993 年 3 月一期线路通车，延长线在其后的数年陆续施工至今。最新的线路建设为延长线至那不勒斯国际机场，已于 2013 年动工，2018 年完工通车，成为意大利第三大地下网络，如图 7.1 所示。

那不勒斯地铁 6 号线始建于 2002 年，2007 年 1 月一期线路通车，二期工程于 2017 年竣工通车，与 1 号线的市政厅站换乘，形成联网运营，并提高列车发班频率。

---

② 米莫·帕拉迪诺（Mimmo Paladino, 1948—），意大利艺术家、画家、雕塑家和雕刻家。贫穷艺术的主要倡导者之一，通过阿希尔·邦尼托·奥利瓦促进了该艺术运动。

③ 理查德·塞拉（Richard Serra, 1939—）生于美国旧金山，是雕塑家、录影家、极简主义艺术大师，以金属板材组构壮观抽象雕塑而闻名。他的"铜墙铁壁"气质庄重大气，具有一种神秘力量，给人震撼而复杂的感知与吸引。

④ 丽贝卡·合恩（Rebecca Horn, 1944—），德国当代出色的艺术家。作品包括绘画、装饰、行为艺术等。作品之中充满诗意和想象，在极简的形式中赋予作品强大的生命力和想象空间。

⑤ 路齐亚诺·法布罗（Luciano Fabro, 1936—2007），意大利雕塑家、概念艺术家和作家，贫穷艺术运动代表人物。

图 7.1　那不勒斯地铁交通图

第二节 那不勒斯的"艺术车站"项目

随着各条线路的建设和升级,各相关部门追求的目标是建立既功能完备又美丽舒适的车站,同时促进周边地区的城市化。那不勒斯市推进了"艺术车站"项目,将地铁站的设计委托给当代著名艺术家和建筑师。

那不勒斯地铁通过国际知名艺术家和当地青年建筑师创作了超过200件艺术作品,分布在1号线和6号线各个地铁站,有的车站被评为欧洲最美丽的车站。

沿着1号线和6号线各个地铁站,200件艺术作品中90%以上是由国际知名的艺术家和一些年轻的地方建筑师创作而成。车站结合各具特色的艺术风格,形成了独特的城市功能干预效果。这座城市综合体通过新车站的建设而不断扩展,已经获得了许多国际奖项。特别是,2012年11月30日,托莱多(Toledo)车站被《每日电讯报》评为"欧洲最令人印象深刻的车站",而梅特德伊车站则排在第13位。2014年2月4日,美国有线电视选举托莱多车站为"欧洲最美丽的地铁站",如图7.2所示。

"艺术车站"是1995年由那不勒斯市地下运输系统的建设和升级中开发出的一个项目。随后,2006年5月19日,坎帕尼亚地区的地铁建设部门发出申请对车站的艺术项目继续投入资金,从而这个项目至今仍在继续。

一、历史背景

那不勒斯市的1号线地铁历史最悠久,它原名为"地下丘陵"。1963年,为了连接佛莫罗和城市的中心,经过多次讨论后建设地下铁路项目获得批准。

图7.2 托莱多地铁站扶梯

然而,由于那不勒斯遭遇伊尔皮尼亚地震,建设工作于1980年11月23日遭遇挫折。由于缺乏资金,工程于1983年被暂停。次年,市政府抵押贷款投入建设工程。经过13年断断续续的工作,1993年3月地铁第一部分从万维泰利至科利·艾米内段开始运营,随后在1995年延伸到皮斯诺拉。

二、"艺术车站"和"那不勒斯艺术革命"

1994年米开朗基罗·皮斯特莱托[①]开始了"公共艺术计划"(Project Art)——通过联合各种不同类型的艺术家与社会各阶层代表,共同发表宣言、公共集会、表演以及展出,使艺术开始具有社会责任感。皮斯特莱托认为,自己从事艺术一开始就在寻找答案:"我觉得,我和社会之间有很多问题,一直想通过艺术寻找答案,寻找自己在社会中的位置。"在"艺术计划"宣言中,他提出为"社会责任的演变"而把艺术放在研究的中心的观点,"生活的各方面都应该有艺术,我的思路仍延续'贫穷艺术'的思路,不是指非要使用破布或其他材料,而是让艺术和日常生活相关。艺术是人们创造力的表现,而人类需要有创造力,所以要让艺术在日常生活中占有位置。"

1995年,在时任市长安东尼奥·巴索利诺[②]的大力推动下,当代艺术在那不勒斯开始了广泛的传播。艺术评论家阿希尔·邦尼托·奥利瓦[③]开始推动和倡议一个叫做"瞄准观众"和"艺术年鉴"的项目,如图7.3所示。他指出当代艺术应该被放置在平时公众经常出没的地方,比如普雷比席特广场

---

① 米开朗基罗·皮斯特莱托(Michelangelo Pistoletto, 1933—),当今国际艺术领域中享有盛誉的著名艺术家,是贫穷艺术的主要代表之一。他的作品主要关注思想,以及综合艺术里艺术和日常生活的结合。

② 安东尼奥·巴索利诺(1947—),意大利政治家。1993年任那不勒斯市长,他对大力推动"艺术车站"。

③ 阿希尔·邦尼托·奥利瓦(Achille Bonito Oliva, 1939—),意大利艺术评论家和当代艺术史学家。他撰写了大量关于当代艺术和当代艺术家的文章;他发明了Transavanguardia(超前卫)一词来描述20世纪70年代后期由山德罗·基亚(Sandro Chia)、佛兰西斯科·克莱门特(Francesco Clemente)、恩佐·库奇(Enzo Cucchi)三位艺术家(简称为3C)和尼古拉·德·马里亚(Nicola de Maria)所采取的新方向。他组织和策划了许多当代艺术活动和展览;1993年,他担任威尼斯双年展的艺术总监。

图7.3 那不勒斯地铁"艺术车站"的施工现场

和地铁站,他将此定义为"邦尼托·奥利瓦"式的艺术馆:由于置于公共空间,人们将经常接触到这些艺术作品,每天都去那里并尝试去了解。巴索利诺指出:"这是真正的当代艺术博物馆。图形和观念艺术家,贫穷艺术家和意大利超前卫运动艺术家,还有伟大的摄影师,甚至来自那不勒斯和意大利年轻的艺术家,他们完成了这些专门为车站和公共空间而创作的重要艺术作品。"

在巴索利诺改革之后,那不勒斯最主要涉及当代艺术的地区之一是普雷比席特中央广场(除了地铁之外)。1995 年,在广场上陈列了米莫·帕拉迪诺的作品《盐山》(广场空间内安置了 40 个木马),从而成为一个真正的"艺术广场"。最受欢迎的是安尼施·卡普尔和丽贝卡·霍恩等著名艺术家安置了超过 15 年的青铜作品《卡普泽尔》,如图 7.4 所示。

MADRE[①] 的前任主任爱德华·多塞西林说:"这个项目将保护和创新融为一体,古代城市的历史价值已经融合了当代语言。"

在地铁城市规划和艺术之间建立联盟的想法可以追溯到 1995 年,当时 1 号线正在建设中,从佛莫罗到加福尔广场。市议会在各站决定委托建筑师和国际知名的艺术家,如设计师亚历山德罗·门迪尼(设计了萨尔瓦多·罗萨地铁站和梅特德伊的机场)或尼诺·龙华民。因此,1 号线也被改名为"IlMetrò dell' Arte"(艺术地铁)。

作家弗朗西斯科·埃尔巴尼解释了促成该项目实现的原因:"地铁的意义——为什么要把它局限为一个纯粹的工程解决方案,而不是把这些地方变成

---

① 唐纳·雷·吉纳当代艺术博物馆(Museo d'arte Contemporanea Donnare-Gina 的缩写)。

图 7.4　位于中央广场的青铜作品《卡普泽尔》　丽贝卡·霍恩

有价值的建筑物？在城市中有品位的居住环境和越来越融入生活的地铁，难道就是惩罚民众不得不经常走过地下隧道、自动扶梯和站台吗？为什么不将其变得更丰富、更具有审美价值的优质公共服务，结合功能性和友好性？这些问题越多，我们就越需要在市政府的办公室里提前规划交通网络。"

到 2001 年，开放的艺术车站有：四天、萨尔瓦多·罗萨（图 7.5）和博物馆三个地铁站。在接下来的两年里，艺术车站又增加了三个：但丁、梅特德伊、艾奥·托阿尔托。

从 2005 年，开放了大学、市政厅、加里波第和托莱多（图 7.6）这四个站点和万维泰利车站的改造，建筑师卡波比安科设计了更大的空间，以便可以展示更多当代艺术家的作品。直至今天，那不勒斯的艺术车站已经达到 15 个之多，超过了车站总数（23 个）的一半以上。艺术车站的成功，当时被新闻界称为"那不勒斯的文艺复兴"。

三、技术概述

1. 视觉传达

设计的目的是方便用户方便快速识别站点，从而确保可以轻松找到地铁站。通过易于识别的通信和定位系统，使用视觉、声音或个性化符号实现系统的统一特征，如图 7.7 所示。

站内的导视系统清晰、整洁，以便允许用户能够准确快速地获取信息，以最佳的方式向乘客提供各项服务。交互信息屏根据精确的项目显示，动态集成艺术品、标牌和建筑空间。

2. 质量和舒适

通过卓越的建筑质量以及周边地区的重建，保证了车站的宜人性。在车站内有精致装修工程，保护清洁和舒适环境；并通过系统质量标准确保优雅、舒适、清洁的现代环境。这对于鼓励用户正确行为也很有用，如图 7.8 所示。

图 7.5　萨尔瓦多·罗萨地铁站的汽车装饰

图 7.6　托莱多地铁站的楼梯壁画

图 7.7　那不勒斯地铁标识牌

3. 材料

结构产生的空间性在车站中具有重要意义,在这种情况下,材料的质量是很关键的。

材料、加工、颜色、纹理和纹理的使用决定了建筑复合体的各种功能。那不勒斯地铁尤为突出地利用了当地传统的材料(如凝灰岩),使得建筑作品被该地区的居民迅速识别与察觉,并与之形成共鸣,如图7.9所示。

涂饰、装饰、刻字使得车站的"表情"丰富(站台环境,夹层,连接走廊),定义了图像作品的独特性,如图7.10~图7.12所示。

4. 结构

通常,艺术车站是根据精确的技术标准设计的,这些标准提供了由站台、通道和技术室组成的三个功能空间。

以下是坎帕尼亚地区详细阐述的文字,其中总结了艺术车站的结构和统一性:

(1)对职能的本质性质的准确识别;

(2)构成空间的结构所确定的功能不仅具有建设性和静态性,而且还具有个性和具有感知能力;

(3)结构表达的用途为"告诉"空间将体现的意义。

因此,建筑的目的是根据用途预先建立一个结构来证明项目的本身。当我们谈论客观特征时主要是指规划策略,主要是:

图7.8 梅特德伊地铁站通道

图7.9 托莱多地铁站厅内部古代遗迹

图7.10 梅特德伊地铁站入口处的马赛克镶嵌装饰

图 7.11　梅特德伊地铁站站厅尖顶

图 7.12　梅特德伊地铁站穹顶内部壁画

（1）被认为是构成项目的各个要素数据的严格关联；

（2）根据空间功能的定量和定性分析，来对其组成部分进行建构。

5. 照明

光能够赋予各个功能区表现力，并且丰富满足所需的最低限度。良好的光控使用可以在组织车站内的路线和空间方面发挥重要作用，保证（如已经提到）公共方向的即时性。

自然光必须借助调节过滤器且与人工照明结合，以确保使用者的舒适感和空间的自然感觉。

6. 安全

要密切关注基础设施的安全性，预防火灾和其他灾害，确保乘客和人员的安全。

事实上，在艺术车站中，需执行以下操作：

（1）显示在站台或出口路线区域的监控系统；

（2）保证理想的照明水平，甚至是当缺少主要电源时的应急供电系统；

（3）制定公众区域的监控系统和警告系统，以及车站的出入控制系统（对公众开放区域和技术人员开放区域）；

（4）对检测非法携运武器的监测和报警系统预设，以及检测在车站环境中是否存在可疑的外来物。

7. 赞美和批评

艺术车站特别受到欢迎。艺术品的存在，鼓励民众更多使用地下交通，从而减少地面交通和环境污染。相反，它们也因为成本而受到批评，因为它们放慢了车站的建设速度。

（1）该项目使公众更接近当代艺术，鼓励知识和传播。

（2）该项目鼓励公众使用地下交通；结果，地面交通和大气污染显著减少。

（3）由于这个项目，艺术车站服务的城市区域得到了显著的升级。

（4）该项目是新公共工程建设的推动力。

四、"100 站计划"

2003年7月3日，那不勒斯市议会通过了理事会提出的由交通基础设施规划处制定的"100站计划"的决议，该计划的主要目的是改善公共交通网络服务领域，并增加车站的可访问性，如图7.13所示。

"100站计划"是对"艺术车站"项目的升级。它结束了1994年开始的交通与领土之间的第一阶段综合规划过程，其中包括市议会制定的城市规划指南，并继续执行1997年批准的城市交通规划，2001年通过的总体监管计划，于2002年批准的主要道路网络计划。

"100站计划"旨在增加和重建铁路公共交通网络服务的范围，通过干预措施改善100个车站的通达性，改善车站建筑物以及车站所在区域和广场的建筑和城市质量。该计划还建议消除通常由基础设施老化造成的功能退化。

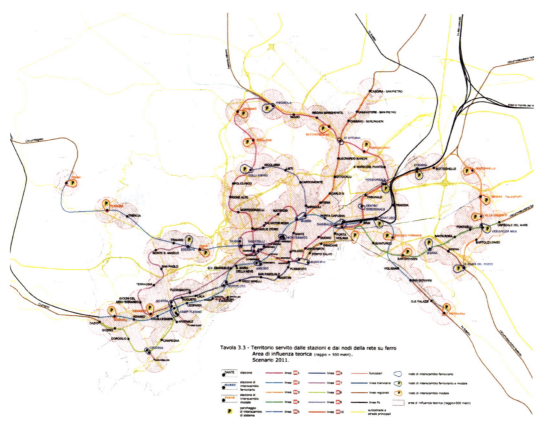

图7.13 "100站计划"规划图

所有这一切都为公民提供了一个有吸引力的公共交通服务，与减少汽车使用的需求相适应，足以建立铁路基础设施网络所需的经济资源的显著承诺。

"100 站计划"检查、分析和识别地铁网络与当前状态相比的关键问题。除了目前正在建设的线路和车站的所有公共艺术干预措施外，甚至还增加了所有已经批准和资助的项目。在 2011 年的规划中，包括已经在市政交通规划和区域大都市网络规划中提供的新线路的所有预设，涉及新线路和现有线路的新站点。它还包括停车场、公共汽车和旅游巴士终点站，形成公交车和地铁之间的立体换乘站。它提出了现有台站的大量建筑，功能和监管再开发干预措施以及车站和换乘站周围区域的城市公共艺术干预措施。

"100 站计划"之后，铁路网络服务的领土将由 20 世纪的 4 350 公顷增加 137%，服务人口从 53.6 万增加到 97 万。从移动性的角度来看，目前在 57 个站点，在高峰时段 7:00-9:30 有 140 000 载客量。未来的地铁网络将有 114 个站台，由于新站的艺术干预措施，现有台站的升级、线路和联运节点的建设之间的互连，相同的时段会有超过 50 万载客量。

第三节 "艺术车站"的站点案例

一、大学地铁站（Università）

21 世纪的地铁应该是什么样？那不勒斯的大学地铁站将会给您一个意外的答案。大学地铁站是 1 号线那不勒斯大都市区邻近波尔图地区的艺术车站。该站位于道路水平面以下 30 米深处，具有相当深度。它由建筑师亚历山德罗·门迪尼[①]和设计师凯瑞姆·瑞席设计。2011 年，该地铁项目在伦敦赢得了国际 LEAF 奖[②]。

设计师凯瑞姆·瑞席（Karim Rashid）是当今世界的设计巨星，如图 7.14 所示。他 1960 年生于埃及开罗，其父为埃及人，母为英国人。幼年时期在英国和加拿大生活，如今在美国纽约发展着设计事业。以艺术风格闻名世界的国际设计师凯瑞姆·瑞席所涉足的设计领域包括室内外空间设计、时尚精品设计、家具设计、照明设备设计、艺术品设计，以及各式各样的产品设计。凯瑞姆·瑞席以民主设计闻名，他曾为许多国际知名品牌设计出耳目一新的产品，从 UMBRA 到 PRADA，从三宅一生到 METHOD，他以不同的风格改变了产品设计的美学和消费文化。

凯瑞姆·瑞席与他同时代的设计师相比是拥有作品最多的设计师之一，超过 3 000 多项设计已投入生产，获得 300 个以上的奖项，以及曾在 35 个国家参与工作，证实了凯瑞姆的设计传奇。凯瑞姆已有 20 项作品获得永久收藏，并且在全球各地艺廊举办艺术展览。

那不勒斯大学地铁站是一个汇集了多种文化元素的公共设施，每天都有成千上万的乘客从这里路过，如图 7.15 所示。为了塑造新的数字时代的地铁

[①] 亚历山德罗·门迪尼，1931 年生于意大利米兰，意大利当代最具影响力的设计师、建筑家及设计评论家，被誉为"意大利后现代主义设计之父"。

[②] LEAF 奖，欧洲杰出建筑师论坛（The Leading European Architects Forum）建筑奖，又称为绿叶奖（the Emirates Glass LEAF Awards）。该奖项于 2001 年成立，是国际建筑设计领域最高级别的奖项之一，跨领域和国界发掘卓越的建筑，主要颁发给具有革新意义的建筑设计，被称为建筑界的奥斯卡。

图 7.14　大学城地铁站的设计师之一凯瑞姆·瑞席

站，设计者凯瑞姆·瑞席采用了创新的设计概念和语言，实现了在地铁站运用所谓"第三次技术革命"的手段。

从广场进入地铁站，人们将走过一个覆盖了瓷砖的内部空间，每块瓷砖都刻有一个20世纪产生的新词汇，如图7.16所示。空间的色彩和图案十分引人注目，而大厅透镜般的图像不断变换颜色，看上去十分富有趣味性。

凯瑞姆·瑞席受到数字语言和全球通信网络的启发，传达了创新和移动性的理念。乘客在沿着楼梯进入地铁时，会发现自己被过去50年创造的语言包围，比如："网络""业务""笔记本电脑""数据库""界面""软件"。这些新的词汇，印刷成粉红色和绿色的单词文字呈现在陶瓷壁砖上。

乘坐升降梯下到站台的乘客将从繁忙的广场进入到一个充满艺术品和艺术符号的艺术世界中，如图7.17所示。抽象的影像让每个人根据自己的理解来看待周围的环境。站台上的墙面有着背部打光的艺术品，使得空间呈现连续的柔和光照。数字艺术品在车辆经过时，给车上的人们带来活生生的艺术表现力。

图7.16　大学地铁站入口处写有文字的瓷砖

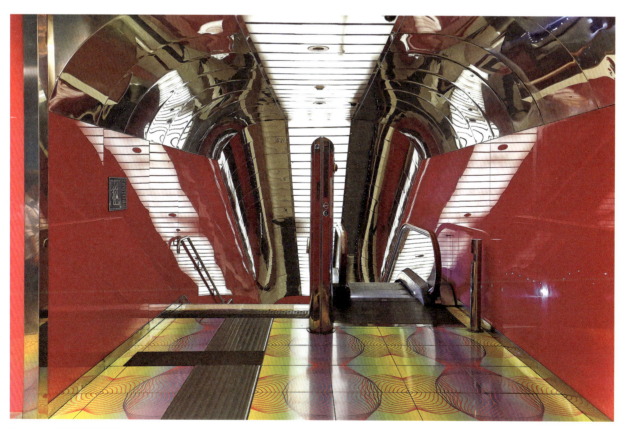

图7.15　大学地铁站的扶梯入口

图 7.17　大学地铁站升降电梯

尽管地铁站是一个临时转换的空间，但通勤者还是可以在上车之前的短暂时刻中拥有新的体验，这就是设计者所要实现的一大设计主题。大学地铁站提供了一个全新的感觉和审美体验：设计采用了极具表现力和视觉震撼力的柔软形态与荧光材料，使得这个公共交通地点能够触及乘客的情感领域，并在每日通勤中为他们提供美丽的环境和愉悦的心情。

在考虑到大学生和所有地铁乘客的情况下，这位设计师设想的空间体现了新数字时代的知识和语言，传递了同步通信、创新和移动性的思想，这些思想正是第三次技术革命的特征。这些都是建筑师和设计师凯瑞姆·瑞席在地铁站设计时明确无误地赋予1号线大学地铁站的。

宽敞明亮的站厅通向了一个由光滑的人造石墙壁或镜面不锈钢拱顶等感性材料创造的壮观舒适的审美空间。这个空间由鲜艳的色彩和覆盖地面的数码打印的影像构成，同时色彩也起着视觉引导的作用。其中两个主色中的"粉红"表示前往皮斯诺拉方向的站台，而"黄绿"表示前往加里波第方向的站台。

侧面轮廓的脸形支柱是关于人类之间的对话和沟通的隐喻。在后墙上有一个长灯箱，有一系列似乎浮动的虚拟三维图形。其中灯箱和黑人支柱，由不锈钢制成的雕塑，是指人类的智慧，如图7.18所示。值得注意的是，光泽材料制作饰面有助于突出房间的亮度，并创造出许多反光游戏。

地下二层，通过黄色、粉色和蓝色的数字图形所构成的色彩和地砖，形成了具有立体效果的迷人模式，如图7.19所示。

在这个楼层，我们发现另一个惊人的惊喜：楼梯的台阶侧面绘制了但丁和贝缇丽彩[①]的图像，如图7.20和图7.21所示。这是艺术家对意大利文学

---

① 贝缇丽彩·坡提纳里（Beatrice Portinari）是但丁一生牵挂的初恋情人（但丁9岁时对她一见钟情，后者另嫁他人，去世时年仅25岁）。贝缇丽彩也是但丁创作《神曲》的内在动力，最后一章的天使之原型。

图 7.18　大学地铁站站厅的黑色头像支柱

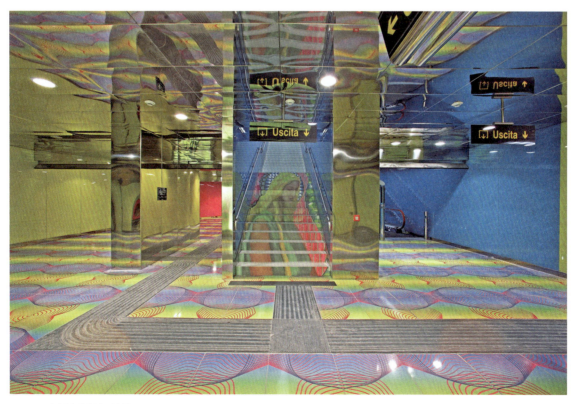

图 7.19　大学地铁站站厅楼梯

图 7.20 大学城地铁站人造石和热升华印刷的但丁肖像的楼梯　　　　图 7.21 大学城地铁站人造石和热升华印刷的贝缇丽彩肖像的楼梯

之父的致敬，它增强了人文文化与技术知识之间的联系，这在拥有悠久大学研究传统的那不勒斯这个大都市中显得尤为突出。

在站台上，艺术家使用蜿蜒曲线设计出的抽象雕塑背后墙面上安装了四个 LED 大屏幕，上面演示着由电脑设计的图像。这些虚拟的 3D 数字图像在明亮白色背景上随着乘客的移动而在空间中移动和旋转。蜿蜒的铝制雕塑模拟了大脑中的节点和突起，允许我们的神经组织细胞之间的交流，如图 7.22 所示。这项工作是在那不勒斯著名的加泰罗尼亚金属实验室制作的。

中间层的两个 LED 灯箱中，细线交织在一起，在蓝色和绿色的背景上形成格子和花卉形状。它们

的颜色与黄色、粉红色和路面的蓝色相协调，网状的图像象征这是全球通信中的信息流，如图 7.23 所示。

有两个圆形灯箱，一个在皮斯诺拉车站方向的中间楼层，如图 7.24 所示；另一个在加里波第车站方向，如图 7.25 所示。采用了典型的瑞席式梦幻字母的柔和彩色图案。在灯箱周围，抛光的钢表面反射出地板上鲜艳的粉红色和橙色。

朝着皮斯诺拉车站方向的自动扶梯前行来到车站中庭，中庭天花板使用了半透明粉红色和蓝色水晶镶嵌板，上面印刷的瑞席设计的图像散发着明亮的光芒。如图 7.26 所示。

图 7.22　大学城地铁站站台的 LED 壁画和雕塑装饰

图 7.23　大学城地铁站中间层的 LED 灯箱壁画

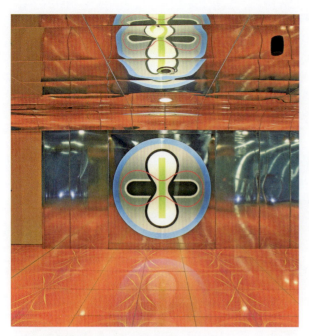

图 7.24 大学城地铁站中间楼层的圆形 LED 灯箱

图 7.25 大学城地铁站通往加里波第车站方向的圆形 LED 灯箱

图 7.26 大学城地铁站自动扶梯上背光水晶丝网印刷的天花板

二、托莱多（Toredo）地铁站

托莱多地铁站是1号线的一个站点，位于那不勒斯大都市附近的圣朱塞佩区，于2012年开通使用。地铁由西班牙建筑师奥斯卡·塔斯奎茨设计。2013年，它获得了LEAF奖，成为"年度公共建筑"项目冠军。在2015年国际隧道协会的地下工程奥斯卡奖项评选中，超过了悉尼和耶路撒冷，在竞争中获得大奖，如图7.27～图7.29所示。

加泰罗尼亚建筑师奥斯卡·塔斯奎茨的地铁项目也设计了地面区域，将步行区进行了美学升级。连接内部和外部空间之间的天窗结构将阳光从街道带到地面下的站厅中。

在地下一层，阿拉贡时期的墙壁遗骸被整合到建筑设计中，而在该站的发掘过程中发现的新石器时代的田犁在车站展出。

地下一层的站厅内部以黑色占主导地位，这强化了南非艺术家威廉·肯特里奇[①]的大型马赛克壁画的外观，如图7.30～图7.33所示。第一个壁画受到那不勒斯市历史的启发，表现的是由守护神圣热内罗奏乐带领的人物游行。作品是向1906年那不勒斯市中央铁路的项目《那不勒斯游行》致敬，这也是作品的标题。第二块马赛克壁画位于自动扶梯上方，作品再现了一个日常生活场景：一名男性人物在女性的帮助下拉车，象征着那不勒斯城市历史相关的图像，如图7.34所示。

图7.27 托莱多地铁站的站厅马赛克镶嵌壁画（一） 威廉·肯特里奇

图7.28 站厅马赛克镶嵌壁画（二） 威廉·肯特里奇

---

① 威廉·肯特里奇（William Kentridge，1955—），南非艺术家，以其版画、素描和动画电影而闻名。这些电影是通过拍摄一幅画，进行加工改造以及再次拍摄来构建的。

图 7.29 马赛克镶嵌壁画局部（三） 威廉·肯特里奇

图 7.30 马赛克镶嵌壁画局部 威廉·肯特里奇

图 7.31 扶梯上方马赛克镶嵌壁画 威廉·肯特里奇

再下一层楼,室内颜色发生变化,人们看到一个明亮的黄色,让人联想到地球和那不勒斯凝灰岩的暖色调,如图7.32所示。当电梯达到海平面以下时,墙面突然出现强烈的蓝色马赛克,随着下降越来越深,蓝色变得越来越强烈直至将人们带到一个巨大的蓝色大厅。

蓝色大厅结合了美学、功能性与舒适性,以水与光为主题。马赛克的墙面颜色自上而下越来越深,配合LED的光线,形成如星空般梦幻的效果。在墙壁和柱子上,还有浮雕波浪,蓝白色马赛克斑点布满墙壁,扶梯顶上的天花板拥有一个深度约38米的椭圆形的火山口般的孔洞。在孔洞内部可以看到太阳光和由软件编程控制的迷人的LED灯光。144个LED灯"全彩色"设置在蓝色的调色板上,创造出变幻的光线效果,如图7.33~图7.36所示。

在大厅下面的走廊通道,可以欣赏到罗伯特·威尔逊①的作品《在海边……你和我》,如图7.37所示。罗伯特·威尔逊,这位多才多艺的美国艺术家在不同领域从事表达,从舞台设计到影像艺术,在车站创建了身临其境的环境装置;两个长的LED灯箱重现涟漪不断的大海形象,使用透镜技术产生出波浪的连续运动。

艺术家阿喀琉斯在固定楼梯附近的墙壁上创作了三幅大型摄影图像《工作中的男人》,这些图像经过数字化修改并印在"石头"合成的石板上,向那些挖掘隧道和建设车站的工人们致敬,如图7.38~图7.40所示。

---

① 罗伯特·威尔逊(Robert Wilson,1941—),美籍欧洲导演、表演艺术家、装饰艺术家、灯光设计师,并兼及其他领域。他是跨界能手,不仅跨越了门类艺术界线,也跨越了地理界线。他是艺术全球化的先驱。

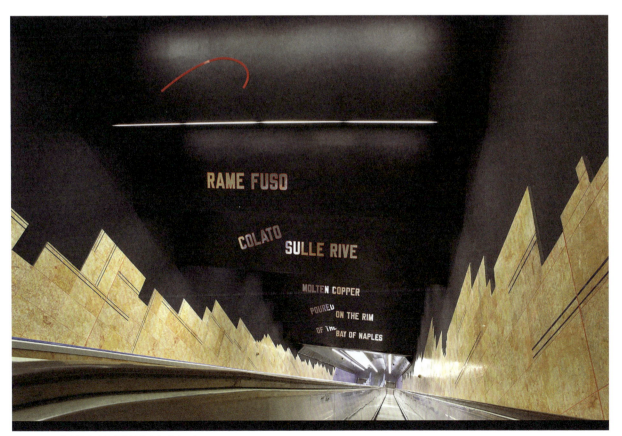

图7.32 托莱多地铁站自动扶梯上半部分(一)

图 7.33　托莱多地铁站自动扶梯上半部分（二）

图 7.34　托莱多地铁站自动扶梯下半部分地（一）

图 7.35　托莱多地铁站自动扶梯下半部分（二）

图 7.36　托莱多地铁站地下海洋主题马赛克镶嵌装饰

图 7.37　托莱多地铁站　影像装置《在海边……你和我》　罗伯特·威尔逊

图 7.38　托莱多地铁站　摄像装饰《工作中的男人》（一）　阿喀琉斯·塞沃里

图 7.39　托莱多地铁站　摄像装饰《工作中的男人》（二）　阿喀琉斯·塞沃里

图 7.40　托莱多地铁站　摄像装饰《工作中的男人》（三）　阿喀琉斯·塞沃里

托莱多车站的第二个出口也安置了诸多国际知名艺术家的作品。意大利著名摄影师奥利维耶罗·托斯卡尼①设计的两个长灯箱沿着连接两个出口的自动人行道行进。这部名为《人类种族》的作品是人类形态摄影研究的一部分，如图7.41和图7.42所示。这一装饰中包含的许多照片，描绘了在城市的广场上拍摄的公众人物面孔，都是在意大利或世界其他地方拍摄的照片。

车站入口的镶嵌壁画，作者是意大利艺术家弗朗西斯科·克莱门特。他是自20世纪80年代以来，超前卫艺术运动和世界艺术界的领导者之一。他在地铁绘制了一幅超过16米长的马赛克和陶瓷的壮观作品，描绘了横跨的山地景观。山地背景上用黄色瓷砖表现了一支由四十多位女性人物的游行队伍组成的乐队，灵感来自克里特岛上发现的古代米诺斯时代的舞者形象。这件精致的作品，选择了来自世界各地的一百多种不同的大理石进行镶嵌而成，如图7.43～图7.45所示。

图7.41　托莱多地铁站　影像装饰《人类种族》（一）　奥利维耶罗·托斯卡尼

① 奥利维耶罗·托斯卡尼（Oliviero Toscani，1942—），意大利著名摄影师，他在1982—2000年为意大利品牌贝纳通拍摄了一系列富于争议的广告照片。

图7.42　影像装饰《人类种族》（二）　奥利维耶罗·托斯卡尼

图 7.43 托莱多地铁站 大理石镶嵌壁画（一） 弗朗西斯科·克莱门特

图 7.44 托莱多地铁站 大理石镶嵌壁画（二） 弗朗西斯科·克莱门特

图 7.45 托莱多地铁站蒙特卡瓦里出口站厅壁画

三、但丁（Dante）地铁站

但丁地铁站落成于 2002 年 3 月 27 日，建筑师盖·奥伦蒂也关注了地面 18 世纪广场的重新设计。建筑设计使用立方石材地板和瓷砖，在车站入口使用了透明水晶和不锈钢材料。

车站内部覆盖着大型白色玻璃板。站内墙壁上沿其整个长度都是詹尼斯·科尼利斯的大型壁画《无题》，如图 7.46 和图 7.47 所示。

作品的主题是旅行，表述这一生存状态是作品的中心。壁画是由大型钢板组成的装饰，钢板的隔断中塞着许多对男子和妇女的鞋、玩具、上衣和帽子。

车站中间通道有尼古拉·德·玛丽亚① 创作的马赛克镶嵌浮雕壁画《宇宙没有炸弹，花的王国，7 个红天使》，如图 7.48 所示。作品从地面一直延伸到天花板，这个抽象作品是由丰富多彩的浅浮雕几何形状和七个卵形组成。在蓝色背景上绽放的鲜艳颜色使乘客沉浸在愉快的氛围中。玛丽亚的抽象元素要表达的是容纳一切众生的幸福需求和博爱的思想。

图 7.46　但丁地铁站　壁画《无题》（一）　詹尼斯·科尼利斯

---
① 尼古拉·德·玛丽亚（Nicola De Maria，1954—），意大利艺术家，贫穷艺术的代表人之一。

图 7.47　但丁地铁站　壁画《无题》（二）　詹尼斯·科尼利斯

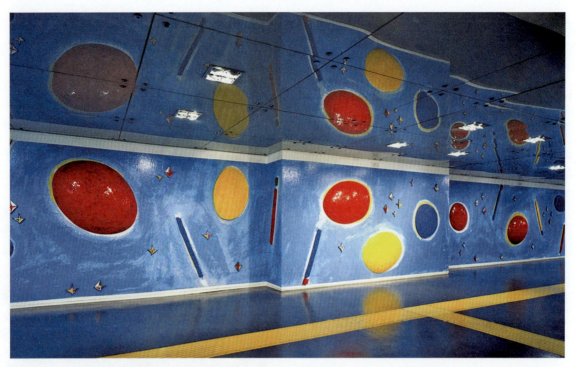

图 7.48　但丁地铁站　马赛克镶嵌浮雕壁画《宇宙没有炸弹，花的王国，7 个红天使》　尼古拉·德·玛丽亚

四、市政厅（Municipio）地铁站

由葡萄牙建筑师阿尔瓦多西扎[①]和艾德瓦尔多·苏托·德·莫拉[②]合作的市政厅项目把 1 号和 6 号地铁线路连接在一个大型交通枢纽中。这个新的地下空间将被用作港口和城市历史区域之间的行人通道。空间设计拥有流畅的线条和干练精致加工的熔岩石和白墙体，反映出现代主义的几何线条，如图 7.49 所示。

现代建筑与站内抢救现存的历史结构之间的对话是两个葡萄牙建筑师项目作品的主题。这项工作始于 2003 年，但由于在挖掘过程中有大量历史和考古发现，原始设计共进行了 27 次变更。对于这些历史和考古遗迹的发现，要求将它们纳入车站结构，与那不勒斯地铁的其他地方类似，它已成为一个流动的博物馆空间。特别是，王室城堡外部防御工事的塔楼已经被集成到车站的走廊，因此在车站内可以见到这个古建筑的遗址，如图 7.50 所示。

地铁站包含大量的当代艺术装置：以色列艺术家米歇·罗夫纳[③]用高清投影仪以视频投影方式把电子图像与水彩组合成混合图像，直接绘制到车站中庭长长的白色墙壁（37.70 米 ×4.00 米），如图 7.51 和图 7.52 所示。

通过罗夫纳的表达，作品主要集中于那不勒斯附近和周边区域中选择的真实地点的图像，也有的在耶路撒冷和巴黎。在她对那不勒斯海湾的描绘中，似乎抹去了人类的历史痕迹，恢复了景观永恒的原始力量。在这种情况下，进行无限的影像循环。

作者开始拍摄那不勒斯来自皇宫的屋顶和但丁

---

　① 阿尔瓦多西扎（ÀlvaroSiza，1933—），葡萄牙著名建筑师，被认为是当代最重要的建筑师之一。他的作品注重在现代设计与历史环境之间建立深刻的联系，并因其个性化的品质和对现代社会文化变迁的敏锐捕捉，而受到普遍关注和承认。
　② 艾德瓦尔多·苏托·德·莫拉（Eduardo Souto de Moura，1952—），建筑师，在葡萄牙波尔图工作，他早年曾在阿尔瓦罗·西扎的事务所工作，是 1992 年的普利策奖获得者。
　③ 米歇·罗夫纳（Michal Rovner，1957—），以色列艺术家，制作视频、雕塑、绘画、声音和装饰作品。

图 7.49　市政厅地铁站内部楼梯设计

图 7.50　站厅内王室城堡外部防御工事的塔楼

图 7.51　市政厅地铁站　影像装饰（一）　米歇·罗夫纳

图 7.52　市政厅地铁站　影像装饰（二）　米歇·罗夫纳

广场影像，然后删除这些镜头的身份特征。它的显现可以是在世界任何地方，人们看到的是没有任何面貌特征的景观。

五、博物馆（Museo）地铁站

博物馆地铁站是1号线上的站点，靠近国家考古博物馆。

该站由但丁地铁站的建筑师盖·奥伦蒂于设计，是"艺术车站"的一部分。外部展馆由混凝土、玻璃和钢制成，并涂成庞贝红色。车站的中庭有一个由那不勒斯美术学院（Naples Academy of Fine Arts）为《法尔内塞大力神》（Farnese Hercules）制作的玻璃纤维复制品，如图7.53所示，而第二个入口处则是一个名为《拉奥孔和他的儿子们》（Carafa）的复制品，如图7.54所示。

连接博物馆站和2号线加福尔（piazza cavacr）地铁站的走廊里有四位艺术家的作品，他们都来自坎帕尼亚，都是当代的影像艺术家。

意大利艺术家米莫·约蒂塞[①]的影像装饰《案例历史》创作于1982—1993年，在地铁内安装于2005年，如图7.55～图7.57所示。这是由18张摄影版画组成的影像装饰。这一系列照片是约蒂塞关于地中海起源和文化研究的一部分。它们是面孔的图像，"睁大的眼睛看到了遥远的事件，嘴巴说出了我们自己语言的起源，通过大理石或马赛克的具体性回到我们身边的人"（罗伯特·瓦尔托塔，2003）。

米莫·约蒂塞在地铁站的第二个作品《维拉德帕皮里运动员》创作于1986年，2005年安装于地铁，如图7.58所示。作品是由4张照相印刷品构成的影像装饰，如图7.59所示。木系列的著名的《维拉德·帕皮里别墅[②]运动员》雕塑保存在考古博物馆。光与影的游戏强化表达使得雕像的姿势似乎变得生动，并获得了模糊的生命力。

[①] 米莫·约蒂塞（Mimmo Jodic, 1934—），意大利观念艺术摄影师，自20世纪60年代以来，约蒂塞与许多艺术家合作，如波普艺术、贫穷艺术和激浪派。

[②] 帕皮里别墅是古罗马时期的最豪华的房子。别墅内包括壁画、青铜器和大理石雕塑，这些雕塑构成了在目前发现的最大的古希腊和古罗马雕塑集合。公元前79年维苏威火山爆发，被埋于地下。目前大部分别墅仍在地下，但部分地区已被清除火山沉积物。许多考古发现都在那不勒斯国家考古博物馆展出。

图7.53　博物馆地铁站站厅陈设的《法尔内塞大力神》复制品

图7.54　博物馆地铁站站厅陈设的《拉奥孔和他的儿子们》复制品

290　艺术走入地下——公共艺术与地铁

图 7.55　影像装饰《案例历史》原件　米莫·约蒂塞

图 7.56　影像装饰《案例历史》车站实景　米莫·约蒂塞

图 7.57　影像装饰《案例历史》局部　米莫·约蒂塞

图 7.58　《维拉德·帕皮里运动员》原作

图 7.59　影像装饰《维拉德帕皮里运动员》　米莫·约蒂塞

六、四天[①] 地铁站

四天地铁站是 1 号线的一个站点。该建筑由建筑师多梅尼克·奥拉基奥[②]设计并于 2001 年落成，为四天广场带来了全新的面貌，包括为新的地面区域提供绿色空间。

自动扶梯的上方安装有意大利艺术家巴尔多·迪奥达托 2000 年创作的浮雕《出口》，如图 7.60 所示。采用了铝板和光纤电缆材料。

《出口》是一个皱巴巴的铝板雕塑，正如艺术家所说："在光线中断的伤口中间断裂，从中衍生出分娩、诞生等有关生命、生死的隐喻，就像从城市之光到那不勒斯腹部深处的连续地铁通道。"

另一侧自动扶梯上是意大利艺术家乌姆托·曼佐（1960—）2001 年创作的作品《无题》。作品由照片和纸张、铁、玻璃的混合介质和混合技术构成，如图 7.61 所示。

自动扶梯上安装了三个展示装置，用铁梁固定在墙上，附图纸、报纸、照片。作者解释说："这是一部自传作品，这些案例包含了记忆的分层。我的作品需要垂直阅读，这和视觉旅程有关，横梁就是轨道，代表着旅程的路径"。

另外一侧的自动扶梯上有意大利艺术家玛丽莎·阿尔巴尼斯 2001 年完成的雕塑装饰《战士》，如图 7.62 所示。作品由彩绘青铜雕塑和不锈钢材料构成。

作品中用四个白色女性雕塑向那不勒斯四天的反法西斯抵抗运动致敬。"我们出去转转，晚上在这里我们被大火吞噬"，那些拿起武器面对危险无所畏惧的热情，四位女性人物受到了反抗的启发，坐着处于冥想之中。

图 7.60 四天地铁站《出口》 巴尔多·迪奥达托

图 7.61 《无题》 乌姆托·曼佐

图 7.62 《战士》 玛丽莎·阿尔巴尼斯

---

① 那不勒斯 Quattro Giornate，即那不勒斯四天，是指第二次世界大战中发生的人民起义反法西斯事件。1943 年 9 月 27 日—30 日四天之间，平民成功将那不勒斯市从德军占领部队中解放出来，使得那不勒斯成为第一个成功地反抗德国占领的城市。

② 多梅尼克·奥拉基奥（Domenico Orlacchio），意大利建筑师。

七、万维泰利（Vanvitelli）地铁站

万维泰利站由建筑师米歇尔·卡波比安科设计，并在 1993 年对外开放。后于 2004—2005 年间重新设计，在艺术顾问阿希尔·邦尼托·奥利瓦等人的建议下，扩建了车站内部空间，以期能够容纳更多当代艺术作品。

车站内部空间精致且敏锐地使用了色彩，从蓝色到黄色，从紫色到各种灰色。

中间楼层有意大利艺术家马里奥·梅尔茨 2003 年创作的作品《无题》，如图 7.63 和图 7.64 所示。该作品是使用的喷砂霓虹灯、聚碳酸酯和纸为媒介的灯光装饰，安装于车站天花板上。

装在拱顶中的蓝色大螺旋霓虹灯管是梅尔茨在他去世前创作的最后一件作品。在安装时蓝色霓虹灯管的大型螺旋线沿着墙壁继续，一直到史前动物壁画的位置。

图 7.63　灯光装饰《无题》　马里奥·梅尔茨

图 7.64　灯光装饰《无题》　马里奥·梅尔茨

螺旋线旁边的数列由列奥纳多·菲波纳契[①]在13世纪确定,艺术家早在1969年就曾经在作品中应用过。梅尔茨解释说,每一个数字都是它后面两个数字的总和,这象征着有机世界的增长。

站台上,有意大利艺术家伊莎贝拉·杜克莱特[②]的玻璃和浮雕玻璃马赛克作品《库玛》,如图7.65所示。马赛克作品丰富而明亮的气息,展示了艺术家在所选材料的颜色和纹理方面的专业知识。她二十多年来致力于研究材料色彩、质感和感官品质。

八、加里波第(Garibadi)地铁站

加里波第地铁站是1号线的起点站,而且是与6号线的换乘站。加里波第地铁站由法国建筑师和城市规划师多米尼克·佩罗[③]设计,他也被委托重建其地面的区域。

这一地铁站的最大特色在于其内部交叉壮观的自动扶梯,扶梯两个侧边用的是透明玻璃,地铁站虽深达40米,但透明玻璃屋顶使得光线还可以到达地下站台。内饰受到钢材的强烈影响,镜面不锈钢及其他金属板的光泽和相互反光与明亮的橙色装饰元素形成鲜明对比。建筑整体通透明亮,仿佛是一棵巨型钢结构的大树,蔚为壮观,如图7.66和图7.67所示。

艺术家米开朗基罗·皮斯特莱托设计的两个装饰作品,是国际艺术场景的主角之一,位于列车终点站和皮斯诺拉站台上,如图7.68和图7.69所示。

在扶梯尽头,是一面镜面钢板,面板上印有或等待或行走的乘客照片,照片与真人一般大小,所以第一次看到这景象的游客,很容易会以为自己下电梯时眼前看到的是真实人来人往的情境。设计师认为,将这种静态艺术图像和真实的现实反映出的不断变化的世界相融合,这块镜面就仿佛是连接艺术与生活的一道门。

意大利那不勒斯地铁站是一个汇集了多种文化元素的公共设施,每天都有成千上万的乘客从这里路过。为了塑造新时代的地铁站,政府、设计者和艺术家合作,采用了创新的设计概念和语言,实现了在地铁站运用"第三次技术革命"的手段。

那不勒斯已经不仅仅是一座历史性城市,还是一座富有开创性的当代艺术和新媒体的天堂,并且触角延伸到了世界各个地方。因此,地铁站设计中当代艺术和新媒体技术的融入,成为它的最大特色和亮点。

[①] 比萨的列奥纳多,又称斐波那契(Leonardo Pisano, Fibonacci, Leonardo Bigollo,1175—1250),中世纪意大利数学家,是西方第一个研究斐波那契数列的人,并将现代书写数和乘数的位值表示法系统引入欧洲。

[②] 伊莎贝拉·杜克莱特(Isabella Ducrot,1947—),一位在罗马生活和工作的那不勒斯艺术家,经常使用纺织品作为她绘画的基本材料和基底。

图7.65 玻璃和浮雕玻璃马赛克作品《库玛》 伊莎贝拉·杜克莱特

[③] 多米尼克·佩罗(Dominique Perrault,1953—),法国著名建筑设计师。1996年获得法国国家建筑奖,1997年由于国家图书馆的设计而获得密斯·凡·德·罗奖。他被认为是极少主义派的建筑师。

图 7.66 加里波第地铁站自动扶梯（一）

图 7.67 加里波第地铁站自动扶梯（二）

图 7.68 米开朗基罗·皮斯特莱托的影像装饰（一）

图 7.69 米开朗基罗·皮斯特莱托的影像装饰（一）

结　　语

英国伦敦建设了全球第一条地铁，因而被称为"地铁"上的城市，由此开始，世界各国的城市地铁及地铁公共艺术蓬勃发展起来。英国至今先后拥有12条地铁，设270个车站，纵横交错，总长达400千米。伦敦地铁的各处都能让人感受到城市的历史底蕴和文化气息。美国纽约更是有多达468个地铁站，于简朴中又注入了逗趣的图案，使之既随意又诙谐。令人耳目一新的是加拿大地铁通体风景的格调。法国巴黎地铁有着全世界最密集、最方便的城市轨道交通系统，站站都成了展示法国文化的窗口。德国地铁给人的感觉是简约、现代，有色彩鲜亮的柏林、浓艳的汉诺威、细格风情的慕尼黑，它们都给人留下了深刻的印象。而在瑞典的斯德哥尔摩的那一百多个地铁站中能观赏到不同的艺术作品，各种艺术手法及风格合力打造出一派色彩的盛宴。

纵观国外地铁150余年的发展历史，我们不仅能看到地铁在人们生活服务中带来的便捷，同时也能发现在地铁这个特定的公共空间中艺术的发展变化。经过150年的发展，国外的地铁空间中的公共艺术也已经从幼稚走向了成熟；在这个过程中，不断创新出了多种多样的公共艺术表现形式。由此可见，目前地铁空间的功能已不仅局限于本身的交通职能，而且影响着一个城市的文化形象、反映着一个城市的人文历史以及提升了一个城市的人民生活质量。所以说，地铁空间有着传播城市形象的新职责与义务。那么，这个职责和义务履行的方式就要更多地借助地铁公共空间的艺术品质，借助公共艺术品在空间范围内所传递的艺术能量。地铁空间的艺术主题的贴切统一、艺术作品的分布形式、艺术作品本身的艺术形式合理以及艺术空间氛围的展现等都是一件公共艺术作品在公共空间里艺术能量的体现。

在公共艺术所营造的地铁空间中，地铁站不再是将旅途规范到机械地"买票、等车、上车、下车、出站"这一循环，而是使乘客在这一过程中充分地认知所在的城市，促成人与环境的互动，形成信息的新媒介表现形式。艺术从美术馆、博物馆走入地铁站，不仅提升了地铁空间的环境质量，同时也使艺术进一步融入大众的日常生活。公共艺术具有很强的交流性，当乘客看见某一件艺术作品时，一定会引起联想和感应，这种天然的对美的感应、对创造的感应将引发人对生活的共鸣。

多样性的艺术表现形式已成为未来地铁公共艺术的发展方向。地铁建设只有真正做到"以人为本"的核心理念，让地铁公共艺术融入深切的人文关怀，才能够有效提升地铁公共艺术和地铁空间环境一体化设计时的艺术表现形式及人文内涵，从而进一步推动我国城市发展与社会文明的进步。现在全球化带来的信息普及可以使当代国际公共艺术的影响能够深入到中国的城市地铁设计，强调公众参与、互动，能够对社会的价值观产生影响，改变人们的思考、认知城市的文化。地铁空间公共艺术是一个良好的媒介沟通和信息交换的平台，创建地铁空间公共艺术是地铁环境逐渐呈现多元化的表现。我国地铁空间公共艺术正朝着激活地下交通、传承地上城市文脉、推进地铁建设迈向国际水准的方向前行。

参 考 文 献

[1] 王中. 公共艺术概论（第2版）[M]. 北京：北京大学出版社，2014.

[2] 周成璐. 公共艺术的逻辑及其社会场域 [M]. 上海：复旦大学出版社，2010.

[3] 李兆友，王健. 地铁与城市 [M]. 沈阳：东北大学出版社有限公司，2009.

[4] 章莉莉. 地铁空间设计 [M]. 北京：中国建筑工业出版社，2017.

[5] 郭晓阳，王占生. 地铁车站空间环境设计——程序·方法·实例 [M]. 北京：水利水电出版社，2014.

[6] 张元，李卫军. 世界城市地铁与轻轨最新动态 [M]. 北京：中国铁道出版社，2013.

[7] 张庆贺，地铁与轻轨（第2版）[M]. 北京：人民交通出版社，2006.

[8] 杨冰. 地铁建筑室内设计 [M]. 北京：中国建筑工业出版社，2006.

[9] [日] 樋口正一郎. 世界城市环境雕塑. 欧洲卷 [M]. 北京：中国建筑工业出版社，1997.

[10] [日] 樋口正一郎. 世界城市环境雕塑. 美国卷 [M]. 北京：中国建筑工业出版社，1997.

[11] 罗杭. 德奇. 巴黎地铁站的历史课：从西堤岛到新凯旋门 [M]. 北京：商周出版社股份有限公司，2013.

[12] 中国建筑文化中心. 城市公共艺术：案例与路径 [M]. 南京：江苏科学技术出版社，2018.

[13] 李建盛. 公共艺术与城市文化 [M]. 北京：北京大学出版社，2012.

[14] 武定宇. 地铁公共艺术创作——从观看，到实践 [M]. 北京：海洋出版社，2016.

[15] 王曜、黄雪君、于群. 城市公共艺术作品设计 [M]. 北京：化学工业出版社，2015.

[16] 潘力，金江波. 地方重塑：国际公共艺术奖案例解读 [M]. 上海：上海大学出版社，2014.

[17] 王峰. 艺术与数字重构——城市文化视野的公共艺术及数字化发展 [M]. 北京：中国建筑工业出版社，2017.

[18] 胡斌. 中国当代艺术研究 2——公共空间与艺术形态的转变 [M]. 桂林：广西师范大学出版社，2015.

[19] 张苏卉. 艺术、生态与城市的共生——基于生态意识的公共艺术在城市化进程中的作用及发展研究 [M]. 上海：上海人民出版社，2017.

[20] 汤雅莉. 地铁·公共艺术·符号：地铁空间地域性艺术符号设计理论 [M]. 北京：中国建筑工业出版社，2018.

[21] 《艺术向地铁延伸》编委会编. 艺术向地铁延伸 [M]. 北京：中国建筑工业出版社，2005.

[22] 申玉生，王英学，周佳媚. 地铁文化与艺术 [M]. 北京：中国铁道出版社，2015.

[23] 张鑫. 城市文化的视觉传播：城市地铁中的视觉传达设计 [M]. 武汉：武汉大学出版社，2016.

[24] 上海申通地铁资产经营管理有限公司编. 上海地铁公共艺术 [M]. 上海：上海人民美术出版社，2011.

[25] ［英］鲍威尔. 伦敦地铁——银禧延长线 [M]. 北京：中国建筑工业出版社，2018.

[26] ［法］马克奥热. 巴黎地铁上的人类学家 [M]. 杭州：浙江大学出版社，2019.

[27] Martha Cooper and Henry Chalfant. Subway Art [M]. Thames & Hudson, 2016.

[28] Henry Chalfant, Sacha Jenkins. Training Days: The Subway Artists Then and Now[M]. Thames & Hudson, 2014.

[29] Goran Soderstrom. Art goes underground : Art in The Stockholm metro[M]. Lettura, 1988.

[30] Descouturelle. Le Métropolitain d'Hector Guimard, Association des amis du musée de lÉcole de Nancy[M]. RATP, Somogy éditions dart, 2004.

[31] Schrag. The Great Society Subway[M]. Johns Hopkins University Press, 2006.

[32] Ström. Metro-art et metro-poles[M]. ACR Edition, 1994.